聊天高手

张卉妍 著

天津出版传媒集团

天津科学技术出版社

图书在版编目（CIP）数据

聊天高手 / 张卉妍著 . —— 天津：天津科学技术出
版社 , 2023.9（2023.10 重印）

ISBN 978-7-5742-1535-1

Ⅰ . ①聊… Ⅱ . ①张… Ⅲ . ①语言艺术－通俗读物
Ⅳ . ① H019-49

中国国家版本馆 CIP 数据核字（2023）第 159049 号

聊天高手

LIAOTIAN GAOSHOU

策划编辑：杨　譞
责任编辑：杨　譞
责任印制：兰　毅

出　　版： 天津出版传媒集团
　　　　　 天津科学技术出版社
地　　址：天津市西康路 35 号
邮　　编：300051
电　　话：（022）23332490
网　　址：www.tjkjcbs.com.cn
发　　行：新华书店经销
印　　刷：三河市华成印务有限公司

开本 880×1 230　1/32　印张 8　字数 170 000
2023 年 10 月第 1 版第 2 次印刷
定价：38.00 元

　　生活中有这样一类人：明明是不情愿，却不懂得怎么拒绝别人；有晋升的机会，却因为无法完善准确地表达，受不到领导的赏识；心里爱着对方，却因为表述太过羞涩生硬，得不到对方的喜欢；社交场合，因为一两句话没说好，备受客户的冷落……对很多人来说，会聊天确实是一门必修课。

　　我们的工作和生活中都离不开聊天说话，而在聊天的过程中需要通过语言来表达自己的想法、观点和意见。假如我们因为紧张、胆怯或语无伦次而影响自己的表达和呈现，那么，我们的想法、观点和意见将被掩盖，我们的个人魅力也将大打折扣。

　　那么，如何清晰明了地表达自己的想法呢？如何与人聊天才不会词不达意？自信和勇气是必需的，但光有这两样还不够，我们还要懂得，聊天也是有诀窍的。

　　真诚得体的聊天方式，能创造更融洽的交流过程，起到拉近心理距离的作用；而投合听众的兴趣，用准确的措辞表达个人思想，更能增强沟通效果，让人产生信服感。

　　不管一个人在哪个行业，也不管他从事什么职业；不管在生活中，还是在工作中，会聊天都是极其重要的能力。提高自己的聊天能力，对于达成合作、获得工作机会很重要。

　　一个人会聊天，不仅能体现出他的思想观念，还可以体现出他的性格以及她的反应能力、处世能力和思考能力。对于现代人来说，掌握良好的聊天技巧，不仅能决定人际关系的和谐，还会影响事业的发展和人生的幸福。

　　一个聊天高手，必定能够将自己的智慧、博学、能力、内涵淋漓尽致地展现在众人面前，从而使自己赢得更多人的喜爱。聊天高手通常具有较强的人际交往能力，会在社会竞争和实际生活中处于主动地位。他可以直言曲达，把话说到别人的心窝里；他可以随机应变，应付突如其来的尴尬；他可以口吐莲花，把商品介绍得人见人爱；他可以妙语连珠，给人带来无穷的欢乐……一个聊天高手是非常有魅力的，他们在与人交往时为他人带来的舒适感。

　　本书将工作、生活和社会中的聊天智慧娓娓道来，并通过大量生动实用的事例、透彻的分析，从多个角度介绍了如何成为聊天高手的方法与技巧，帮助读者提升自身的语言表达能力，学以致用，不断提升口才能力，赢得幸福的人生。

目录

CONTENTS

第一章　会聊天，是一种社交能力

　　——高情商助你成为聊天高手

不同的场合，要说不同的话　/2

沟通的语言要委婉　/5

说话要因人而异　/8

要让对方清楚地领会你的意思　/11

话多不如话少，话少不如话好　/14

时刻不忘给自己留余地　/17

适时保持沉默威力更大　/21

第二章　化解"抵触情绪"，提高你的印象分

　　——一开口，就说到对方的心里去

好口才为你打开局面　/26

选择引起对方兴趣的话题　/29

用闲谈拉近双方的距离　/33

如何避免出现令人难堪的局面　/37

向人道歉时，态度诚恳才能换来原谅 /42

安慰别人的时候，措辞须得体 /46

反击恶语要讲究策略 /49

第三章 "口吐善言"是最值得称道的正能量
　　　　——不着痕迹的赞美，让你更受欢迎

巧妙称赞对方的闪光点 /54

赞美他人要有远见 /59

赞美异性，最好委婉地借用别人的话 /62

赞美不能忽视小事 /66

赞美是激励他人的最佳方式 /69

有新意的赞美更能打动人 /73

第四章 情商是里子，幽默是面子
　　　　——情商告诉你该说什么，幽默让你说得更漂亮

谈吐幽默，会让你更受欢迎 /78

随机应变，巧用幽默来解围 /81

诙谐的语言能带给人快乐 /84

幽默也是可以模拟的 /88

"张冠李戴"，巧用替代说话 /91

巧设悬念，吊吊听众的胃口 /94

一语双关，娱乐无极限　/98

第五章　在共情中展开对抗
——情理融合，才能有效地说服人

说服他人靠的是脑袋而非光靠口才　/102

先获得对方的好感，再委婉地商量　/106

层层递进，把理说透　/110

寓理于情，以情感人　/114

要想提高说服力，就要顺着对方的思路走　/119

说服别人，一定要耐心　/123

先抬高对方，再进行说服　/127

第六章　会聊天并不是要满足所有人
——委婉拒绝，不伤情面

记住，拒绝是你的权力　/134

先发制人，堵住对方的嘴　/137

借用别人的意思巧妙说"不"/138

在拒绝他人之前，先为自己想好借口　/141

用故意错答拒绝陌生人的无理要求　/145

巧妙踢"回旋球"/147

怎样拒绝领导不会让其生气　/149

第七章　脑子里都是意见，说出来的都是建议
——不得罪人的批评方法

不同的人应选择不同的批评方法　/154

批评他人一定要看场合　/158

巧妙暗示比直接指责更有效　/160

把批评隐藏在玩笑背后　/164

善意的批评，让对方心悦诚服　/167

批评他人一定要掌握尺度　/169

第八章　窘迫时刻最显情商
——会"打圆场"，化解尴尬处境

随机应变，化险为夷　/174

危急关头，不妨转换话题　/176

非常场景，机敏应答　/179

自嘲解围，娱人娱己　/182

智言妙语，巧脱困境　/185

对付"揭短"，别急着还击　/187

失了言要及时弥补　/190

第九章 有礼有节，说话周全
——高智商让你顺利入职，高情商让你走得更远

做好自我介绍是通过面试的第一步 /194

面对两难问题，不妨另辟蹊径 /198

谈缺点的时候，要模糊重点 /201

如何处理同事间的流言蜚语 /205

怎样寻求同事的帮助 /209

向上级汇报工作，要说到点子上 /213

巧用激将法 /218

第十章 容颜的乍见之欢，聊出来的相处不厌
——巧言妙语，和谐家庭幸福多

向恋人道歉的语言技巧 /222

掌握与恋人交谈的诀窍 /224

夫妻之间谈什么，怎么谈 /226

如何破解夫妻冷战 /230

父母吵架时的劝说艺术 /232

多肯定长辈的经验 /236

与孩子积极沟通、平等对话 /239

第一章

会聊天，是一种社交能力

——高情商助你成为聊天高手

不同的场合，要说不同的话

核心提示

衡量一个人说话分寸的试金石就是场合。就像一个正常的人发现自己在众人面前裤子拉链开了，就会下意识地背过身去把拉链拉上一样。如果不注意把握场合的分寸，图自己的一时之快，结果就会出丑。

理论指导

如果一个人说话不看自己的身份、不看场合，怎么想就怎么说，确实是真实了，但留给人的印象是什么呢？脑子有问题。因此，不同的场合要说不同的话。

在《庄子》中有一则寓言：有一天，吴王率人登狙山。一群猴子见到人来，纷纷逃进荆棘丛中。只有一只猴子在吴王面前搔首弄姿，卖弄乖巧。吴王用箭射它，它反而拨弄箭头，更加肆无忌惮。于是吴王命手下人一齐放箭，把猴子射死了。这只猴子因为不分场合地随意卖弄才会命丧黄泉。

这则寓言告诉我们：无论是做事还是说话都要分清场合，不要死心眼，不懂得变通，否则怎么得罪人的你还不知道。

言如心声，文如其人。语言是心灵的一面镜子。一个人说出的话怎样，可以直接反映出他的修养如何，气度如何。有些在生活中很邋遢的人，在工作中却很干练，有些在家中很和蔼的人在单位却非常严肃，有些对家人脾气暴躁的人对同事却表现出很强的亲和力，有些在家中很懒惰的人对工作却十分努力认真。

于是，当看到一些人在不同场合有不同表现，有人就偏执地认为这些人都爱装，然而事实并非都是如此。

这种情况与一个人处理事情的方式以及说话技巧、方式都非常相关。任何言语都是在具体的场合中进行的，并且受场合的影响和制约。假如说话不适合当时的场合气氛情境，往往会与初衷适得其反。

有一法院开庭审理一起盗窃案，被告人对作案时间交代不清。为了核实，审判长决定传被告的妻子到庭做证。由于在当时过分着急，审判长脱口而出说出了一句话："把他老婆带上来！"

法庭顿时全场哗然，严肃的气氛被冲淡了。当时，审判长应该运用法庭用语，宣布"传证人某某到庭"。审判长没注意到自己所在场合的正式性，以日常用语取代了法庭用语，因而造成了说话的不得体。

因此，说话一定要注意场合。不看场合，随心所欲，信口开河，想到什么说什么，这是"不会说话"的一种拙劣表现。日常生活中，两个熟识的人不管在什么场合碰上，都少不了一番热情的问候，而用得最多的总是这句"吃了吗"。

一次，有两个熟人在洗手间门外碰上了。一人从里面出来，另一人正准备进去。忽见是熟人，两人也就热情地招呼了起来："吃了吗？""刚吃过了，你呢？""还没呢，正准备去吃。"对话很快结束了，"吃了的"一脸轻松地往外走，"正准备吃的"一脸紧张地继续向里跑。

人总是在一定的时间、一定的地点、一定的条件下生活的。在不同的场合，面对着不同的人，不同的事，从不同的目的出发，就应说不同的话，用不同的方式说话，这样才能收到理想的说话效果。

1. 庄重的场合

如果你们单位所有人员聚在一起开会，领导讲话时，你随便插话；发言时，不该你说的话你抢着说，或者还没轮到你发言你急于抢话，这些都会招致他人的不满。要记住"枪打出头鸟"。

2. 公众的场合

如果在图书馆，别人都在静静地看书，你偏要和同桌窃窃私语，或者大声地说话，这很明显影响了别人的学习。

3. 正式与非正式的场合

如果你是单位的一个领导，你的下属在工作上出现小问题，这种事在私下场合解决会更好。如果你不分青红皂白，把下属当着众人的面狠狠地批评了一通，下属当时不敢跟你辩解，但他心里肯定会记很长一段时间，就会造成很大的误会。

4. 私下与公开的场合

朋友之间的话题，只适合在这些朋友之间传播。如果你不分场合，在人比较多的时候，宣扬朋友的隐私，那你和这个朋友之间，肯定没法再继续来往了。

5. 喜庆场合与悲痛场合

当别人正在高高兴兴地操办婚礼时，你同他说一些不吉利的话，这是别人很忌讳的；如果你在悲伤的场合说一些高兴的话，也会引起他人的不悦。

总而言之，说话是一门实践性很强的艺术。我们要在日常生活中有意识地摸索体会，努力做一个说话得体的人。

沟通的语言要委婉

核心提示

心直口快常会无意中给别人带来伤害。因此，心直口快固然看上去不错，但这不能成为在给别人造成伤害后推卸责任的理由。我们本可以把语言说得更委婉一些，让人听着更舒服，更易于接受。

理论指导

在人际交往中，有的人虽然态度谦恭，却由于不注意语言表达的委婉、平和，常常在不经意间冒犯了他人。在一定程度上，言语冒犯带来的恶劣后果要大于"盛气凌人"。言语冒犯有轻有重。轻者，惹人不高兴；重者，则可能伤及别人的面子、自尊，让人产生报复心理。

喜欢直言直语的人说话时常常只看到现象或问题，也常常只顾自己的"不吐不快"，而很少考虑旁人的立场、观念以及心理感受。当然他的话有可能是对的，直指问题的核心，逼得当事人不得不启动自我防御系统。若别人启动了自我防御机后仍招架不住，恐怕就会对他怀恨在心了。于是他的人际关系就会出现障碍。

杨先生是个心直口快的人。有一次他和办公室的同事在保龄球馆打球。对方是初学者，球艺自然不行。出于好心，杨先生便充当起对方的教练来。可杨先生本身并不是一个有耐心的人，在打球过程中，他一会儿说同事的手"真臭"，一会儿又说"你这人看起来挺精明的，怎么学打球这么笨。脑子是不是进水了"。同事气得不客气地说："你说话可不可以委婉点？""怎么委婉，你笨就笨，还不让人说了。真是的。"就这样，同事气得转身走了。杨先生本是好心教别人打球，却使两个人弄得十分不愉快。

由此可见，在与人沟通时，一定要注意语言委婉，忌直来直去，更不可恶语冒犯，致人不快和痛苦。有人说："眼睛可以容纳一个美丽的世界，而嘴巴则能描绘一个精彩的世界。"委婉的语言常常可以平息矛盾与纠纷，化干戈为玉帛。

在南朝时，齐高帝曾与当时的书法家王僧虔一起研习书法。有一次，高帝问王僧虔说："你和我谁的字更好？"

对王僧虔来说，这个问题比较难回答，说高帝的字比自己的好，是违心之言；说高帝的字不如自己，又会使高帝的面子挂不住，弄不好还会将君臣之间的关系弄得很糟糕。王僧虔的回答很巧妙："我的字臣中最好，您的字君中最好。"

皇帝就那么几个，而臣子却不计其数，王僧虔的言外之意是很清楚的。高帝领悟了其中的言外之意，哈哈一笑，也就作罢，不再提这事了。

这个故事告诉我们：在许多场合，有一些话不好直说也无法明说时，最好采取绕道迂回的方式表达。因为与在人沟通时，说话隐晦一点既能给自己留更多余地，也能避免直接冲突。因此。喜欢直言直语的人应注意改善自己的说话方式，主要有以下几点。

1. 对他人的弱点点到为止

如果你发现了别人的弱点，千万不可揪住不放，而要尽可能少地直言指出他人处事的不当或纠正他人性格上的弱点。虽然你

◇ 直言直语的杀伤力 ◇

直言直语是人性中一种很可爱、很值得珍惜的特质。具有这种品质的人是非分明、邪恶分明、美丑分明、优缺点分明。但有时候，直言直语却会具有杀伤力。

伤害人际关系

有时，直言直语的人只想到了说话痛快，而没有考虑听话人的立场、观点、性格、感受，这样会让内心敏感的人接受不了。所以，容易让人心生芥蒂，久而久之人际关系会出现阻碍。

容易让人利用

直言直语的人有强烈的正义感、责任感，语言也具有杀伤力，所以，在不和谐的环境中很容易让人利用，容易受人鼓动去做一些有争议的事。

是善意的，但内心敏感的人却会认为你这是在和他过意不去。

每个人内心都有一个很脆弱的"自我"缩藏在里面，你的直言直语恰好击破了他的堡垒，他当然会不高兴，所以你的直言直语也不会产生多少效用。因此，如果要讲就委婉地讲，点到为止，不要直来直去。

2.少批评他人做的不当之事

尽可能少地去批评事情的不当，事是人做出来的，因此批评"事"也就批评了人，所谓"对事不对人"，这只是"障耳法"。

因此，如果你想让自己拥有良好的人际关系，就应在与人交往中多观察，揣摩对方的神态、语气。如果有些话不得不说，就要换个方式说。因为同样的内容，用委婉的语言表达往往比直言更易于让人接受，否则你说出的话将很可能产生反作用，招致对方的不满和厌烦。

说话要因人而异

核心提示

独特的个性、爱好，独特的知识结构可能决定了一个人只能是"这样"而不能是"那样"。但当与不同的人交谈时，就要采取不同的谈话方式。简而言之，讲对方想听的，而并非自己想讲的。

理论指导

有句话说得好："话不投机半句多。"要想和人谈得投机，不是随便聊聊就可以的。对待不同的人，应该有不同的交谈方式，即所谓的"因人而异"，谈对方感兴趣的事情，在谈话一开始就有共同语言，才能打开话匣子。

两千多年前，孔子就注意针对学生的不同性格来回答他们的问题。有一次，孔子的学生仲由问："听到了，就可以去做吗？"孔子回答说："不能。"另一个学生冉求也问同样的问题："听到了，就可以去做吗？"孔子的回答是："那当然，去做吧！"公西华听了，对于孔子的回答感到有些疑惑，就问孔子说："这两个人问题相同，而你的回答却相反。我有点糊涂，想来请教。"孔子答："求也退，故进之；由也兼人，故退之。"

孔子的意思是说，"冉求平时做事好退缩，所以我就给他壮胆；仲由好胜，敢闯敢做，所以我要劝阻他，做事要三思而行。"可见，孔子诲人不是千篇一律，而是因人而异，因材施教，特别注意学生的性格特征，因此能够使学生更好地发展。

我们要根据说话对象的不同，采取不同的表达方式，否则就容易制造对立，带来麻烦。有些人往往把这种灵活的交谈方式看成是见风使舵或曲意奉承，其实这是一种错误的观念。因为你只有与不同的人说不同的话，读懂对方的心理，博得对方的好感，才有可能达到自己的目的。

有句俗话叫作"人上一百，形形色色"。人各有其情，各有其性。言辞表达的内容和方式要因人而异，符合谈话对象的脾气性格，才有可能产生"同声相应，同气相求"的效果。我们在与别人交流时，也要注意因人而异。

1. 看人的个性说话

跟别人说话，要先弄清楚对方的个性。如果对方喜欢委婉地交谈，你就应该说得含蓄些；如果对方喜欢率直的，你就应该说得爽快些；对方崇尚学问，你就应该说得富有哲理些；对方喜欢谈琐事，你就应该说得通俗些。总之，说话方式与对方个性相符，双方就能一拍即合。

一般来说，性格外向的人易于"喜形于色"，性格内向的人多半"沉默寡言"。同性格外向的人谈话，你可以侃侃而谈；同性格内向的人谈话，则应注意循循善诱，最重要的是表现真诚，挖掘一些对方比较在意、隐藏在内心深处的话题，让对方感觉你是在真心地关心他。

2. 看人的身份说话

如果你对识字不多的人摆出一副知识分子的架子，满口之乎者也，肯定会让对方满头雾水，难以接受。如果你对文化修养较高的人，开口就是一副江湖气，也容易引起对方反感，难以获得对方的信任和好感。

一位教授去农村考察，向一位八十多岁的老爷爷问道："老人家，您今年贵庚几何？"老人想了半天，不知教授的话什么意思，然后反问："什么贵庚？"教授解释："就是您多大岁数了。"老爷爷这才明白。这位教授说话不看对象，难怪会闹笑话。所以，要想收到理想的表达效果，就应当看对方的身份说话。

3. 看人的年龄说话

与年长人谈话时应保持谦虚，多用尊重和肯定对方的词语。长辈接受的新知识可能比你少，可是无论怎样，其经验要丰富得多。因此，在与他们谈话时，你要保持谦虚的态度。年龄大的人喜欢回忆往事，可以和他们聊聊本地的沿革、民情的变迁、风俗的演化等。也可以和他们聊一聊他们的子孙后代，这些都是他们感兴趣的话题。

与年轻人谈话应沉着、稳重。这是因为后辈的思想虽然超前，但就某些方面的知识来说他们还远不及自己，因此，你无须降低身份。另外，与后辈谈一些他们很感兴趣的事物，让他们相信你是从他们的立场来看待事物的，让他们明白你也有与他们一样的观念，这样谈话就能很顺利地进行下去了。

与同龄人谈话应保持自己的个性。谦虚而不傲慢，以幽默随和为最佳。一般来说,同龄人之间更容易找到共同话题。比如与同龄的男人可以谈工作、社会热点及业余爱好;而与同龄的女人可以聊美容、服装、化妆品以及她们的孩子等。只有这样,才能和不同的人聊得深入,获得他们的好感和认可,从而达到良好的沟通效果。

要让对方清楚地领会你的意思

核心提示

沟通的目的是要让对方明白你的想法或是达成共识,走进对方心里才是真正的沟通。如果我们不能让对方清楚地领会自己所表达的意思,沟通将是无效的。

理论指导

我们在日常生活、工作,或结交朋友中,最大的烦恼是被别人误解。如果说人际关系本来是一条水流畅通的小溪,误解则是致其不再畅通的"暗礁"。

被人误解确实是痛苦的,但是从某种意义上说,又是人生中难以完全避免的。真正不被人误解或不误解别人的情况恐怕是没有的。即使双方都很努力让对方明白自己的真正意图,还是很容易在不经意间发生误解。有些误解是由表达不准确造成的。

1977年3月27日,在西班牙加纳利群岛的特那夫岛的一条机场跑道上,两架波音747客机相撞。一瞬间,导致583名旅客和机组人员死亡,造成当时民航史上最大的空难。执行这次飞行任务的机长是当时荷兰航空公司公认最出色的驾驶员,他驾驶技术娴熟,曾经训练培养过不少飞行员。25年来,他驾驶的飞机连一

◇ 和他人沟通时如何避免误解 ◇

突出重点

你想要表达某件事情的意思，要挑重点来说，表达你想表达的意思，这样他人在和你沟通的时候也不会显得吃力。

注意说话的方式

尽量避免有粗俗的话语，要彬彬有礼地和他人交谈，这样会让他人想和你进一步沟通和交流。

尽量不触碰对方的底线

在你想说那句话的时候，要好好地想一想这句话会不会触碰到对方的底线，如果有的话，最好及时向对方道歉，及时改正。

点小故障也没有发生过。

在后来的事故原因调查中，调查组最后得出的结论是：因为无线电联络上发生了故障，使荷兰航空公司飞机的机长对管制中心发出的命令只听懂了前半句，错误地理解了后半句。当机长发出"我已准备好，请准予起飞"的请示时，塔台回答："好的，请稍候，一会儿我再呼你。"而由于无线电联络出了差错，机长只听到了"好的"，对"好的"一词后面的话没有予以正确的理解。于是，机长在没有得到起飞许可的情况下，就在跑道上滑行起飞了。

沟通的目的是理解，没有理解就"擅自"行动，很容易产生矛盾冲突。绝大多数的矛盾冲突都是沟通不到位导致的，解决的办法就是双方充分领会对方的意图，在理解的前提下做出下一步行动，避免发生误解或悲剧。

此外，沟通中的误解还有许多种原因，比如，身体语言的误读、文化背景的差异、不为对方着想、知识水平的不对称、与语境缺乏了解、缺少足够的反馈等。

那么，我们在沟通中怎样预防误解的产生呢？下面就生活中经常遇到的误解情况，分析了其中的原因，阐述了避免这种误解需要注意的问题。总的来说，包括以下三个方面。

1. 清晰明确地表达

许多时候，词不达意、不擅长表达是误解产生的原因，因此，锻炼自己的口才和表达能力是避免误解的基础。在许多情况下，如果自己说话准确些，考虑周到些，行事大方些，就可能会避免许多误解，也避免了由于误解产生的委屈、伤心、焦躁……

2. 要求对方重复

如果在沟通的过程中，你没能及时明白对方所表达的意思，可以要求对方重复表达或者用自己的话表达出来，以确定对方的意图。只有准确领会并把握双方的意思，才能为良好的沟通奠定基础。

上述事故的发生就在一念之间，这位享有 25 年美誉的机长就因为一时的不慎造成不可挽回的灾难。对于模糊的后半句，如果机长能够加以留意，要求塔台重播一次，或许历史可以被改写。

3. 充分的准备

双方沟通之前在心理上要做好准备，参与沟通的双方应该事先树立某些正确的沟通态度，才不容易使对方产生误解。另外，还需要了解一些人情世故。在许多情况下，只有了解一定的人情世故，才能跟对方达到默契和共鸣。

总之，沟通就是要使人听得更加清楚，让自己说得更加明白，消除你与他人之间的隔阂，实现真正的交流。

话多不如话少，话少不如话好

核心提示

言语在精不在多。最不会说话的人可能就是喋喋不休的人。要想把话说得"高效"，你就应该言简，让对方很快明白你所要表达的意思。

理论指导

在任何场合说话，我们都应该明白一个道理，那就是"话多不如话少，话少不如话好"。一个语言精练、懂得适时缄默的人，走到哪里都会受人欢迎。而一个不分场合、总是喋喋不休的人，有可能"话多错多"，招人反感。

俗话说"祸从口出"，有时候仅是因为说了一句不该说的话，而伤人伤己。我们应谨言慎行，不能因一时兴起，说一些无根据的话语，这只会让别人觉得自己说话不靠谱。

子曰："辞达而已矣。"孔子的意思是说："言辞只要能表达意思就行了。"

《道德经》中有"多言数穷，不如守中"的说法。老子说："话说得太多，往往会使自己陷入困境，还不如保持沉默，把话留在心里。"

《弟子规》中的"话说多，不如少，惟其是，勿佞巧。"告诉我们话多不如话少，话少不如话好。说话要恰到好处，该说的说，不该说的绝对不说，立身处世应该谨言慎行，谈话内容要实事求是。

据史书记载，子禽问墨子："老师，一个人话说多了有没有好处？"墨子回答："话说多了有什么好处呢？比如池塘里的青蛙天天叫，弄得口干舌燥，却从来没有人注意它。但是雄鸡只在天亮时叫两三声，大家听到鸡啼就知道天要亮了，于是都注意它。"墨子的回答虽然简单，但阐述了说话既要切中要害又要恰合时宜的道理。青蛙与雄鸡的对比，形象地诠释了话多不如话少，话少不如话好的真正内涵。

古往今来，会说话的例子不胜枚举。孔子崇尚周礼，曾专程到东周都城洛阳考察礼仪制度。当他在参观周王祭先祖的太庙时，看到台阶右侧立着一个金属铸造的人，嘴上被贴了三道封条，在这个金属人的背面，还刻有铭文："这是古代一位说话极其慎重的人，小心啊！小心啊！不要多说话，话说得多坏的事也多！"

《菜根谭》中说："十语九中，未必称奇，一语不中，则愆尤骈集。"意思是说，十句话说对九句，未必有人说你好，但如果说错一句话，则各种指责、抱怨就会集中到你身上。

由此可见，多说话不如少说话，说话要恰当无误，千万不要花言巧语。那些话痨者往往说个不停，难免口干喉痛，不仅得不到任何益处，一旦发生了"祸从口出"的事情，只会给自己的处境和人际关系带来障碍。

诸葛瑾是三国时期孙权手下的大臣，平时话不多，但常常在紧要关头，几句话就能解决问题。有一次校尉殷模被孙权误解，要被杀头，众人都向孙权求情，只有诸葛瑾一言不发。孙权问："为什么子瑜（诸葛瑾字子瑜）不说话？"诸葛瑾说："我与殷模的家乡遭遇战乱，所以才来投奔陛下。现在殷模不思进取，辜负了您，还求什么宽恕呢？"短短几句话，孙权就想到殷模不远千里来投奔自己，即使有过错也应该原谅，于是就赦免了殷模。

与人交谈时，有些人聊到尽兴，一股脑地把什么话都说出来，好像自己多么真诚、坦白；也有些人由于一时气急就什么都不顾，什么都说，话越说越尖酸刻薄，一时的解气之后只怕是后悔都来不及了！所以，我们一定要管住自己的嘴，一句话没说好就可能让你身处逆境；一句话没说好就可能让奸佞的小人抓住把柄置你于死地！

某博物馆派出某馆员招揽橱窗广告业务，这位馆员专程赶到当地一家制鞋厂，稍加浏览，就大包大揽地与厂长谈生意。他自以为是地指着厂房里展列出的各类鞋产品，夸奖一通："这种鞋子，款式新颖，美观大方，如果与我们馆合作，广为宣传，一定会提高知名度的！然后就会畅销全国，贵厂生产也会蒸蒸日上啊！"

听起来声情并茂又具说服力，可惜说话人并非制鞋内行，原来他夸耀的是对方厂中积压的一批过时的产品。结果厂长不动声色地答道："谢谢你的话。可惜你指出的这批鞋子全部是落后于市场供求形势的第七代产品，现在我们的第九代产品正在走俏、热销。"

仅此两句话，就令这位馆员无话可说了。我们要学会少说话，说也要说得巧妙，千言万语也不及一个事实给人们留下的印象深刻。如果想要使你所说的话令人重视，有一个技巧就是少说话。少说话的人有更多的时间静静思考，因此说出来的话更为精准。尤其是当更有经验或者更了解情况的人在座时，如果多说了，就等于自曝其短，同时也失去了一个获得知识和经验的机会。

在我们的生活中，不但要学会适时沉默，还要学会优美而文雅的谈吐。少说话固然是美德，但是人处于各种社会场合，在不该开口的时候，要做到少说话并适当地缄默。在该说的时候，就要注意所说的内容、意义、措辞、声音和姿势，要注意到什么场合说什么话。

无论是探讨学问、接洽生意还是交际应酬、娱乐消遣，我们要尽量使自己说出来的话重点突出、具体而生动。

时刻不忘给自己留余地

核心提示

智慧的人说话不忘给自己留点余地，话说得有弹性、有分寸，让进退的空间变得更大。如果能做到这点，也就不会被沉重的负担压得喘不过气来。给自己留点余地，才能活得更轻松。

理论指导

人在社会上生存，不论是做人还是处事都要学会给自己留有余地，留点后路，话不可以说得太满，事情不可以做得太绝。凡事给自己留点余地，才能在回头的时候有条路走，才不会使自己面临巨大的失败。

水多了容易溢出来，话太满容易把自己逼上绝路。这就要求我们在谈话时，时刻都要提醒自己，说话时刻牢记给自己留余地，使自己可进可退。这好比在战场上一样，进可攻，退可守，这样有了牢固的后方，攻击对方，又可及时撤回，仍然处于主动地位。

因此，无论与对方矛盾有多深，最好都不要说出"势不两立"之类的话，否则日后万一有合作的机会，一定会左右为难，尴尬万分。时时处处留有余地是为人处世的大智慧，进可攻，退可守，这才是成功的做人之道。

人们常说"话不要说满，事不要做绝"当然是有道理的。事情做绝，不留余地，不给别人机会，不宽容别人，处理事情下狠手都是不理智的行为。

在一个列车上同时有两个推销员在推销同一种新产品，那是一种螺旋状的袜子。为了表明这种袜子的韧性，第一位推销员随手拿起一只袜子，对大家说："来帮帮忙，拿住袜子一端，使劲儿拉。"说着，他就和一位乘客对拉起来，袜子的韧性的确很好。然后他又随手拿起一根长长的针，在拉得绷直的袜子上来回划动，袜子也没有损伤，他接着说："看一看，这种袜子不易抽丝。"紧接着他接着拿起打火机，在袜子下面轻快晃动，火苗穿过袜子，而袜子也未受到损伤。

在他一番介绍之后，袜子在乘客手中传看。一位乘客有意地拿起针，只是一划就在袜子上划了一个洞。原来只是顺着纹理划不易划破，并不是划不破。另一位顾客要用打火机烧，急得推销员赶忙补充说："袜子并不是烧不着，我只是证明它的透气性好。"最后大家终于明白是怎么一回事，袜子的质量没的说，但当时的气氛明显影响了大家的消费心理。

而第二位推销员也是一边说一边演示，不过他注意到了介绍的科学性，一番介绍说得非常周到。他是这样说的："当然，任何事物都有它的科学性。袜子怎么会烧不着呢？我只是证明它的透气性好。它也并不是穿不破，就是钢也会磨损的。"这番介绍没有给爱挑刺的顾客留下可乘之机。接下来，他一边给大家传看袜子，一边讲解促销的优惠价格，销售效果明显好于前一位推销员。

这个案例说明，我们每个人在说话时都不要把话说过头，违背常情常理，这样势必引起相反的效果。在这个世界上只有相对，没有绝对。这不仅适用于物理，同时也适用于人与人之间的交流。

一般说来，人们考虑问题都喜欢相对思考，对于绝对的东西，在心理上有一种排斥感。比如，当你斩钉截铁地说："事实绝对是这个样。"此时在别人心里会有两种想法：一是肯定你的反问："难道一点也不差？"他对你的话语的领悟就会有点舍本逐末了。倒不如这样说："事实就是这个样子。"

因此，在谈话时，哪怕是我们绝对有把握的事，也不要把话说得过于绝对，绝对的东西容易引起他人的怀疑，甚至反感。与其给别人一个怀疑的借口，不如把话说得委婉一点。同时，如果我们不把话说得绝对，还可以在更为广阔的空间与对方周旋。

说话要讲求把握分寸，给自己留有余地的原则，这需要注意

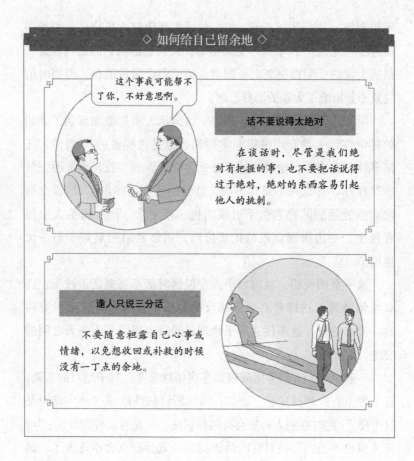

以下几点。

1. 话不要说得太绝对

凡事都有一个度，在一个别人可以容许的范围内稍微夸张一些是可以被人所接受的，但是如果超过了这个度就会给人留下把柄。牛皮可以吹，但是不要吹得太离谱；大话可以说，但是也不要说得太过，否则只会自取其辱。

2.话要说得圆润

当我们为了某个目的与他人谈话时，话就要说得圆润一些。话说得太直，会激恼对方，即便是理在己方。说得圆润一点，能给我们留下一定的回旋余地，从容地达到我们谈话的目的。

3.说话诚实，前后一致

在和他人讲话时，还要注意前后不要出现矛盾，保持前后一致。矛盾的地方常常是易受到他人攻击的地方，而且很可能是非常有力的攻击，可以使我们哑口无言，无法反驳。解决这一尴尬处境的最佳办法就是说话时要诚实守信，这样才不用担心出现前后矛盾的情况。

适时保持沉默威力更大

核心提示

在适当的时候保持沉默，是一种很高明的智慧。沉默不是无奈，更不是软弱。有时候，不说比说更有威力。

理论指导

法国有句谚语，雄辩如银，沉默是金。在我们的生活中，有些时候确实是沉默胜于雄辩。与得体的语言一样，恰到好处的沉默也是一种语言艺术，运用好了常会收到"此时无声胜有声"的效果。

过去，心理学家常常认为人们应该把自己的心里话讲出来，但现在人们逐渐发现，在与他人的交往中，有些时候沉默胜于雄辩。与得体的语言一样，恰到好处的沉默也是一种语言艺术。

古时候，有个农民牵着一匹马到外地去，中午走到一家客栈用餐，他把马拴在了旁边的一棵树上。这时一个商人骑着一匹马过来，将马也拴在了这棵树上。

农民看见了，忙对商人说："请不要把你的马拴在这棵树上，我的马还没有被驯服，它会踢死你的马。"但那商人不听，拴上马后便进了客栈。

一会儿，他们听到马的嘶叫声，两人急忙跑出来看。商人的马果真被踢死了。商人拽住农民就去见县官，要农民赔马。县官问了农民许多问题，农民却装作没听见似的，一字不答。

县官转而对商人说："他是个哑巴，叫我怎么判？"商人惊讶地说："我刚才见到他的时候，他还说话呢。"

县官奇怪地问商人："他刚才说了什么？"商人把刚才拴马时农民对他说的话重复了一遍，县官听后说："这样看来是你无理了，因为他事先曾警告过你。因此，他不应该赔偿你的马。"

这时农民开了口，他说："县官大人，我之所以不回答问话，是想让商人自己把事情的全部经过讲清楚。这样，不是更容易弄清楚谁是谁非吗？"

沉默是最有力的武器。在日常交际中，遇到难以说清是非的问题时，你不妨也像这位农民一样，以无言应对喧哗，这会产生比硬碰硬更大的力量。尤其是当时机未到时，保持沉默更是一种"大智若愚"的表现。

正像休止符一样，沉默只有运用得恰到好处，才能收到无声胜有声之效。如果不分场合，不讲分寸，故作高深或滥用沉默，其结果事与愿违，只能给人以矫揉造作或是难以捉摸的感觉。我们在运用沉默时，不应该把它和语言截然分开。恰恰相反，沉默和语言的和谐一致，相辅相成，才是沉默的功效。

下列几种情况要求我们必须把握好沉默的分寸。

1. 对方心不在焉时保持沉默

在与他人交谈时，一旦发现对方对所说的内容心不在焉，要立刻打住，哪怕所说的话非常重要，也要马上保持沉默，盯着对方看，一定要让对方先说话。这时他对你的陈述可能是有异议的，即使你接着说下去，对方也不会听进去。

2. 不了解情况的时候要保持沉默

有时候，不了解对方的情况盲目乱说，往往会给对方造成可乘之机，使自己遭受到难以挽回的损失，所以，在不知道对方底细的情况下，不要轻易开口，保持沉默，往往能变被动为主动。

3. 别人谈论自己时需保持沉默

当听到别人谈论自己的时候，很多人容易犯这样一个错误：一旦别人谈到自己时，尤其是不利于自己的情况时，往往会打断别人，进行争论。其实，这是不明智之举。在职场上，如果同事批评或者谈论你时，你不必急于否认或者急于表现自己。

受到别人无理攻击或指责时，你的情绪正在气头上，如果你当场据理力争只会让自己陷入更深一轮的语言轰炸中，非但不能洗刷冤屈，还会让他人更加"团结"起来打击你。因此，这个时候最好保持沉默，闭口不谈。等以后你们都冷静下来，能够心平气和地讨论问题的时候再安排时间交谈，只有在那个时候你们才能进行有实质意义的讨论而不是相互指责。

4. 自己做不了主的时候要保持沉默

有时候，自己往往不能够做主，所以这时候也不能说。如果自己不慎把不该答应的事情答应下来了，到时候所有的问题只有自己来承担了，所以自己做不了主时也要保持沉默。

5. 时机未到时保持沉默

说话莫忘看时机，因为心理学告诉我们，在不同的场合中，人们对他人的话语有不同的感受、理解，并表现出不同的心理承受力。正因为受特殊场合心理的制约，有些话在某些特定环境中说比较好，但有些话说出来就未必得当。同样的一句话，在此说与在彼说的效果就不一样。如果环境不相宜，时机未到，最好的办法是保持沉默。

"言多必失，语多伤人""君子三缄其口"的古训，也把缄口不言作为练达的安身处世之道。今天，我们亦应谨记这些古训，该沉默时一定要沉默。

第二章

化解『抵触情绪』，提高你的印象分

——一开口，就说到对方的心里去

好口才为你打开局面

核心提示

　　好口才体现一个人的学识、能力和智慧，让一个人化危机为转机，化劣势为优势，在谈笑间无往不利。

理论指导

　　随着交往的频繁和竞争的加剧，对个人的内在素质和生存技能的要求也越来越高。在影响个人成功的诸因素中，口才的作用日益凸显。好口才是一个人素养、能力和智慧的综合体现。口才的好坏已经成为现代社会衡量一个人事业是否成功、人生是否幸福的重要标准。

　　一个人没有良好的口才，在社会上寸步难行；没有出众的口才，会难以推销自己，出现沟通障碍，无法打开局面。

　　一个人要想在社会上出类拔萃，在事业上创造卓越，就必须拥有好口才。

　　一次，日本推销大师夏目志郎去拜访一位绰号叫"老顽固"的董事长。不管夏目志郎怎么滔滔不绝，巧舌如簧，他就是三缄其口，毫无反应。

　　夏目志郎也是第一次遇到这样的客户，于是，他故作冷漠地说:"介绍您的人说得一点没错,您任性、冷酷、严格,没有朋友。"

这时,这位董事长面颊变红了,情绪有了变化。

夏目志郎继续说:"我研究过心理学,依我的观察,您是面恶心善、寂寞而软弱的人,您想以冷淡和严肃筑起一道墙来防止外人侵入。"

这时,董事长第一次露出了笑脸:"我是个软弱的人,很多时候我无法控制自己的情绪。我今年73岁了,创业50年,第一次见到像你这样直言不讳的人,你有个性。是的,我拒绝别人,是为了保护自己,不让别人靠近我身边。"

"我想这是不对的。您知道汉字中的'人'字是怎么写的吗?'人'这个字,包含着人与人之间相互支持与信赖的意思,任何生意都从人与人的交往开始。人不应伪装,虚伪的面具会使内容变质。"

他们聊得越来越投机,董事长已经把夏目志郎当成了朋友来对待,自然他也成了夏目志郎的长期客户。

夏目志郎正是利用自己的口才,获得了推销的成功。突然推销,未免显得有点唐突,而且很容易招致别人的反感,以至于被拒绝。先打消客户的疑惑,取得客户的信赖,推销便成了顺理成章的事。

现实中,那些活跃在人们视野中的优秀企业家们,不仅仅是因为他们拥有智慧的头脑、充沛的精力、超强的能力……这些固然重要,但还必须加上一个重要因素,那就是拥有使人信赖的口才。

出色的口才可以为你的成功打开局面。美国的"超级推销大王"弗兰克·贝特格说:"交易的成功,往往是口才的产物。有了良好的口才，一个人的能量才可以发挥出双倍、三倍的效力，随之而来的，就是更为巨大的财富。"

在生活中会讲话的人，总能让人望尘莫及。战国时期张仪就是凭借三寸不烂之舌为秦国赢得了天下。那么，不善言谈者又该如何弥补不足呢？

1. 以行动弥补口才的不足

交人先交心，欲取先予是口才不足者弥补不足的有效方法。就好比追女孩，在没有成功获取女孩的芳心前，需要不断地展示自己的优点和魅力，才能把心仪的女孩吸引过来。所以无论在工作还是生活中，都要先以真诚的态度给予对方帮助，很多举手之劳的动作就能为你带来良好的人缘。需要提醒的是，一定是要出自内心的真诚才能打动人心。

2. 多谈对方感兴趣的话题或者直接对他有益的话题

在初次交往中，多谈对方感兴趣的话题，或者直接对他有益的话题。这些都需要前期做好准备工作，比如说调查一下资料，或者背景之类的，越多了解对方，越容易找到共同的语言。有了共同的语言还怕谈不来吗？谈得来还怕没有信心吗？后面的自然而然地就容易交谈了。

3. 树立起良好的人品和信誉

一般来说，对方是不是愿意与你交往，或者在决定是否与你合作时，都会先调查一下你的资料，看看你是不是一个可信赖的真诚合作伙伴。信誉需要平时积累，到了关键时候就用得着了，这时你良好的口碑和信誉便能很好地为你加分了。此时，你的人品就代表了你的形象。

选择引起对方兴趣的话题

核心提示

选择一个合适的话题是与人交谈的关键。而选择话题的技巧在于以对方为中心，只有如此，才能够使谈话更好地继续下去。

理论指导

在与人交谈中，我们会有这样的体会：与自己的朋友、家人一起交谈时，总是有说不完的话。但是，一遇到陌生人就无话可说，甚至觉得别扭、烦闷。这是因为你不了解对方所关心的话题是什么。

谈话中，没有人会对自己不感兴趣的话题投入过多的热情，而如果遇到自己感兴趣的话题，他们常常会情绪激昂地参与进来。因此，在与对方谈话时，我们必须选择一些能够引起对方兴趣的话题，从而实现进一步的交流。

小李是个编辑，他曾经与某出版社的主编多次进行签订出版合同的交涉，效果都不太理想。双方都感到疲倦。

小李费了一些周折，得知主编是一个爱好打保龄球的人。这次，他打算从这个话题入手。小李先开口说道："上个礼拜天，我到保龄球馆打球，可是手风很不顺，没什么战绩。"

果然不出所料，主编兴致勃勃地问："怎么？你也喜欢打保龄球吗？"

"我虽然不擅长，却很热爱这种休闲活动，经常去打。"

"哈哈！其实我也蛮喜欢这玩意儿，几天不摸球就手痒痒。"

"战绩如何？"

◇ 寻找话题的两个方向 ◇

选择一个合适的话题是与人交谈的关键。而选择话题的技巧在于以对方为中心，只有如此，才能使谈话更好地继续下去。

听说你女儿考上了北大，恭喜啊……

从对方得意的事情说起

如果你谈起对方的得意之事，并加以赞扬，对方肯定会对你大有好感，甚至可以跟你成为朋友。

听说你对养花比较有研究，我有几个问题能请教一下吗？

好呀！

以对方擅长的事情为话题

生活让人们明白，以对方擅长的事情为话题，常常有利于语言交往的进程，且使自己成为受欢迎的人。

"最高分是 258。"

"啊！这已达到专业水准了。"

主编情绪越来越高，不知不觉中与小李约定下次一同去打球。

几天后，双方便签订了合同，而且大致是按照小李所希望的条件订立的。

两个意气相投的人在一起总觉得有说不完的话。因此,我们在和人交往时,不妨"投其所好",适当选择对方感兴趣的话题,这才是正确的方式。

两个人对话,如果在其中一个人侃侃而谈的时候,而另一个人昏昏欲睡,那一定是听话方对讲话方的话题没有兴趣。这样的谈话总是会让人感觉到乏味,所以要想赢得对方的欢迎,在谈话的时候就要选择他感兴趣的话题。

当然,如果能够发现你们之间在兴趣、性格、阅历等方面的共同之处,那就更好了。这样可以促使双方越谈越投机,从中获得更多关于对方的信息,迅速拉近距离,增进感情。

匈牙利的米尔沙特是一位著名的多产作家。但是,就像其他许多伟大的作家一样,在他还没有成名的时候,经常遭受出版社的冷眼。他去出版社送稿件,常常被那些编辑不耐烦地推出来。他们对他的稿子一眼也没看就说那是垃圾,并且请他丢到纸篓里,不要耽误他们的工夫。

经过多次的打击之后,米尔沙特变得聪明起来。他后来去出版社,不再主动提及夹在胳膊底下的稿件,而是专门找那些编辑们感兴趣的事情作为谈话的主题。他会向他们提起他们刚刚编辑出版的某本书,并且谈论其中的某些内容。

每当他这样做的时候,那些原本对他理都不理的编辑们就会放下手中的工作,围过来七嘴八舌、饶有兴致地发表对于那本书的个人看法。米尔沙特在一旁聆听,不时地表达一下自己的见解,或者有意把问题引导到某一位流行作家的身上,使那些编辑们如同进入一片新天地。米尔沙特逐渐成为他们聊天时不可缺少的客人。他们已经把米尔沙特当作他们的朋友，当然再也不会把他从门口推出去。

当米尔沙特拿出自己的稿件时，他们再也不会让他把"那堆垃圾"扔到纸篓里，而是对他说："嘿，朋友，那是什么？可以给我们看看吗？"

同样一个米尔沙特，在编辑眼里却无异于两个人：一个不会主动寻找令人感兴趣的话题，所以被扫地出门；一个因为善于引起他们谈话的兴趣而赢得他们的欢迎，从而成为著名的作家。

选择一个合适的话题是和人交谈的关键。而选择话题的技巧在于以对方为中心，只有如此，才能够使谈话更好地继续下去。如果不知道对方喜欢什么话题，你可以从以下两方面找话题展开交谈。

1. 从对方得意的事情说起

每一个人都有自认为得意的事情，这事情可能在别人看来并不重要，关键是在他本人看来是一件值得终身纪念的事。你如果能预先打听清楚，在有意无意之间很自然地讲到他得意的事情，只要他对你没有厌恶的情绪，只要他目前没有其他不如意的刺激，在情绪正常的情况下，他一定高兴听你说的。

2. 以对方擅长的事情为话题

日本语言学家多湖辉认为，和人谈话就如同打乒乓球一样，而话题的提出就如同乒乓球赛的发球，可称之为"谈话的发球"。如果对方的文章写得漂亮，你就要说："听说你又发表了一篇文章，能不能谈谈经验？"这正如乒乓球赛中，你特意发了个使对方容易接的球，他当然乐于还击。这样一来一往，谈笑风生，你们的关系必然随着语言交流的顺利进行而迅速融洽。

但是你明知对方不擅长写文章，却说："今天我们俩来交流交流写作的体会吧。"这样对方必然沉默以对,或掉头而去,甚至会认为你这是故意和他为难。在这种情况下,双方的人际关系怎么能好呢?

另外,在与人交谈时,我们还应注意谈话的禁忌。比如,交谈时最好不要涉及疾病、死亡等不愉快的事,更要注意回避对方的隐私,尤其是对妇女的年龄和婚姻情况、男士的私生活方面的问题。一旦提出让对方反感的问题,则应表示歉意或立即转移话题。谈话时还应注意不要批评他人,不要讥讽他人,对敏感问题也应持慎重态度。

用闲谈拉近双方的距离

核心提示

有些人总是能抓住闲谈的机会扩大人际关系,在不经意的闲谈中找到双方的共同点,在思想上和心理上产生一种共鸣,达成一种共识,从而使彼此之间建立良好的关系。

理论指导

一些有经验的谈话者在正式进入谈话主题前总会谈些与主题无关的"废话",比如谈谈天气、拉拉家常、讲讲趣闻等,这样的谈话被称为"闲谈"。

一些社交高手,如政治家、新闻记者,在谈论正事之前都喜欢用闲谈的方式拉近与对方的距离。善于闲谈的人会让人觉得亲切随和,而不善于闲谈的人常被冠以"清高"之名,让人感到难以接近。

事实上，"闲"这个字用得并不好，总能让人联想到"无关紧要"，因此大家很自然地认为闲谈也是无关紧要的。但许多事实证明，闲谈是一种重要的沟通方式，闲谈可以保持沟通的有效性。同时，闲谈中的表情动作以及姿势都能传递一些心理信息给对方，让对方觉得你是一个亲切与可信赖的人。

富兰克森·罗斯福从非洲回到美国，准备参加1912年的总统竞选。因为他是已故美国总统西奥多·罗斯福的堂弟，又是一位有名的律师，自然知名度很高。

在一次宴会上，大家都认识他，但罗斯福并不认识在场的来宾。这时，他看出虽然这些人都认识他，然而表情却显得很冷漠，好像看不出对他有好感的样子。

罗斯福灵机一动，想出了一个接近自己不认识的人并能同他们搭话的主意。于是，他对坐在自己旁边的陆思瓦特博士悄声说道："陆思瓦特博士，麻烦你把坐在我对面的那些客人的大致情况告诉我好吗？"陆思瓦特博士便把每个人的大致情况告诉给了罗斯福。

了解一些情况后，罗斯福便有针对性地找话题同他们打招呼，开始了闲谈。他通过和那些不认识的客人进行闲谈，从中了解到他们的性格、特点、爱好，知道他们曾从事过什么事业、最得意的是什么。掌握这些后，罗斯福就有了同他们交谈的资料，并引发他们的兴趣，在不知不觉中，罗斯福便成了他们的新朋友。

闲谈是交流、引发共鸣、交朋友的最好方法。现实生活中很多会交朋友的人，他们能抓住闲谈的机会扩大人际关系，在不经意的闲谈中找到双方的共同点，在思想上和心理上产生一种共鸣，达成一种共识，从而使彼此之间建立了良好的关系，一些事情就轻而易举地办成了。

◇ 如何寻找双方的共同点 ◇

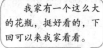

察言观色

从对方的表情、面相、打扮以及看似不经意的行为中进行敏锐细致的观察，可在第一时间掌握对方的意图，了解对方的内心世界，从而随机应变，找出你们之间的共同点。

投石问路

向水里投石子，能够探明水的深浅，过河的时候就有把握；面对陌生人，先提一些"投石"性的问题，在略有了解后，就可以有目的地展开交谈。

听人介绍

在听人介绍时要仔细地观察、分析对方，发现共同点后再在交谈中延伸，不断地发现新的共同话题。

要想通过闲谈拉近双方原本的距离，谈出共鸣和共同点，我们就要少谈自己，多谈对方所关心的事，这样言语才会投机，办事才会顺利。没有人会喜欢一个闲谈中只讲他自己而不关心对方的人，人们只愿意和那些与自己有共同话题的人交谈。

"前耶鲁大学文学教授威廉莱亚·惠勒普斯曾经在一篇文章中讲述了自己的一段经历：

"我在 8 岁那年的一个星期六，去斯托拉多姨妈家度周末。记得傍晚时分，来了一位中年男子。他先和姨妈嘻嘻哈哈谈了好一会儿，然后便走近我和我说话。当时我正迷上小船，整天抱着小船爱不释手地玩。我以为他不过是随便和我聊几句，没想到他对我说的全是有关小船的事。

"等他走了以后，我对他竟然念念不忘，对姨妈说：'那位先生真了不起，他懂得许多关于小船的事，很少会有人那么喜欢小船。'

"姨妈笑着告诉我，那位客人是纽约的一位律师，他对小船根本没有研究。

"我不解地问：'为什么他的话都和小船有关呢？'

"'那是因为他是位有礼貌的绅士，他想和你交朋友，知道你喜欢小船，所以专门挑你喜欢的话题和你说。'姨妈笑着告诉我其中的道理。"

关系广泛、善于交友办事的人都是善于交谈的人，即便是完全陌生的人，他也能打破沉默，在闲谈中找到双方的共同点。抓住了共同点就抓住了谈话的话题，自然也就拉近了双方的距离。那么，怎样才能找到这个共同点呢？

1. 察言观色

其实寻找共同点不是件难事。一个人的心理状态、精神追求、生活爱好等,都或多或少地在他的表情、服饰、谈吐、举止等方面有所表现。只要你善于观察,就会发现你们的共同点。

2. 投石问路

陌生人相遇,为了打破沉默的局面,开口讲话是首要的。有人以打招呼开场,有人通过借书借报来展开交谈。通过初步的聊天对话,找出自己与对方在观念、阅历、态度、价值观等方面的共同点,在思想上产生共鸣。只要有心,总能发现一个共同点来拉近距离。

3. 听人介绍

如果你去朋友家串门,遇到有陌生人在座,身为对二者都很熟悉的主人,会马上出面为双方介绍,说明双方与主人的关系,各自的身份、工作单位,甚至个性特点、爱好等。细心人从介绍中马上就可以发现对方与自己有什么共同之处。

另外,为了发现陌生人同自己的共同点,可以在需要与其交际的人同别人谈话时留心分析、揣摩,也可以在对方和自己交谈时揣摩对方的话语,从中发现共同点。

如何避免出现令人难堪的局面

核心提示

只有掌握一些必要的技巧和方法,才能有效避免尴尬局面的出现。

理论指导

青年小赵随同厂长去拜访一位有名望的书法家万老。一路上,厂长对小赵介绍说，这位书法家一生清贫，平时与人交往也不多，性情相当清高，但才情极高。

当厂长与万老谈完正事之后，小赵说："万老，我很喜欢您的字，如果您在百忙中能给我写一幅，那就太好了。"万老说："近来我身体不太好，以后再说吧！"小赵觉得很没面子，便默不作声。他心想："不就是一幅字么？有什么了不起？"

小赵就是事先没对自己的要求做充分的考虑，所以才遭遇意外。如果他考虑到自己与书法家只是一面之缘，而对方的性格又比较清高，自然就不会张口求字。因此，我们在开口求助之前，需要思考事情的可行性，然后再决定如何提出自己的要求，这样做，一般说来是可以避免很多尴尬场面出现的。

当然，有时候即使你事先做了充分估计，也难免遭遇意外，或出现估计失当的情况。这样，尴尬场面仍然可能降临到你的头上。在这种情况下，如何避免出现令人难堪的局面呢？运用必要的技巧和方法，就成了交际临场时避免尴尬的选择。

1. 自我否定法

此法一般应用于当我们对所提问题拿不准，如果直截了当提出来恐怕失言，造成尴尬，这时就可以使用既提出问题，同时又自我否定的方式进行试探。这样在自我否定的意见中，就隐含了两种可能供对方选择，而对方的任何选择都不会使你感到不安和尴尬。

2. 婉转型提问法

这种提问是用婉转的方法和语气，在适宜的场所向对方发问。当你有具体想法时，并不直接提出，而是先提一个与自己本意相关的问题，请对方回答，如果从其答案中自己已经得出否定性的判断，那就不要再提出自己原定的要求和想法，这样可以避免尴尬。

这种提问是没有摸清对方虚实，先虚设一问，适当地投石问路，就能避免对方拒绝而出现难堪局面，又能探出对方的虚实，达到提问的目的。例如，一个售货员想把自己的产品推销出去，但她并不知道对方是否会接受，又不好直接问客户要不要，于是她试探地问："这种产品的功能还不错吧？你能评价一下吗？"如果对方有意，就会接受；如果对方不满意，也不会使双方难堪。

当我们拿不准的时候，不要武断地提出否定对方的要求，最好先摸情况，再决定下一步行动不迟，避免使自己陷入窘境。

3. 触类旁通法

当你想提一个要求时，还可以先提出一个与此同属一类的问题，试探对方的态度。如果得到肯定的信息时，便可以进一步提出自己的要求；如果对方的态度是明确的否定，那就免开尊口，以免遭到拒绝出现尴尬。用触类旁通法进行试探，其好处是可进可退，进退自如，在交际中有广泛的用途。

比如，有一位干部打算调离本单位，但又担心领导当场给予否定，或给领导留下坏印象，以后不好工作。于是他这样提出问题："书记，咱们单位有的青年干部想挪挪窝儿，你觉得怎么样？"书记说："人才流动我是赞成的。"他见书记态度还可以，于是进一步说道："如果这个人是我呢？""那也不拦，只要有地方去。"就这样他摸到了领导的态度，不久他正式向领导提出了调动的申请。

4. 借机说事法

有时提出问题并不用郑重其事的方式。因为这种方式显得过分重视，至关重要，一旦被否定，自己会感到下不来台。而如果

在某一交际过程中，利用适当时机，顺便提出自己的问题，给人的印象是并未把此事看得很重，即使不满足也没有什么感觉。

　　实际上在很多情况下，顺便提出的问题往往是自己要说明的真正意图，但是，由于使用这种轻描淡写方式顺便一说，就使自己变得更主动一些，有退路可走，可以有效地防止因对方否定而造成的心理失衡。

有一个业务员与某厂长谈判，谈判告一段落时，向对方提出一个问题，说："顺便问一问，你们厂要不要人？我有个同事想到你们这里来工作。"厂长说："我们厂的效益不错，想来的人很多。可是目前我们一个人也没有进。""噢，是这样。"在对方的否定答复面前，他一点也没有感到尴尬，但是已达到了试探的目的。试想，如果一开始就以郑重其事的态度向对方提出这个问题，并遭到对方的拒绝，那现场的气氛就可想而知了。

5. 开玩笑法

有时还可以把本来应郑重其事提出的问题用开玩笑的口气说出来，如果对方给以否定，便可把这个问题归结为开玩笑，这样既可达到试探的目的，又可在一笑之中化解尴尬，维护自己的尊严。

6. 打电话法

打电话提出自己的要求与当面提出有所不同，由于彼此只能听到声音而不见面，即使被对方所否定，造成的影响也较小，比当面被否定更易接受些。

有位作者写了一篇稿子，等了一段时间没有回音，于是就打电话询问结果："编辑老师，我想问问那篇稿子的情况……""噢，是这样，稿子已经看到了，我们认为还有些问题，很难采用……""是这样，我会再努力的。"就这样他在较为平静的气氛中，接受了一个被否定的事实。

最后需要提出的是，避免出现尴尬并不是我们的最终目的，它不过是为了保护自己的自尊和面子所采取的一种手段。然而，我们不能仅仅满足于此，应更多地研究在被对方否定情况下，如何运用交际的技巧，扭转败局，争取最后的胜利。

向人道歉时，态度诚恳才能换来原谅

核心提示

犯了错，肯定已经给对方造成了伤害，至少也带来了不快，那么，如果想求得对方的原谅，态度是很重要的。

理论指导

在第二次世界大战中，德国的纳粹组织曾经杀死了许多无辜的欧洲人民。全世界的人们一提到纳粹无不露出愤怒的神色，忍不住要破口大骂起来。但是德国人用自己的真诚化解了这些仇恨。

1970 年，德国时任总理勃兰登，在华沙犹太殉难者纪念碑前，出人意料地双膝下跪，沉痛谢罪，赢得了人们的尊重。前任总理施罗德，也面对华沙起义死难者纪念墙深深鞠躬，表达了对当年纳粹暴行的羞愧和道歉。他还告诫所有德国公民一定要认识到，纳粹分子的暴行让许多国家深受其害，德国民众必须向他们真诚地道歉，并强调说："纳粹暴行给德国留下了不光彩的一页，我们必须忏悔，不能再让历史重演！"

为了再一次向世界表明"不忘历史"的决心，德国政府又在柏林市中心，当年希特勒自杀的遗址附近，建造了占地 2 万平方米的大屠杀纪念碑林，意在纪念 600 万在"二战"中死难的犹太人。

德国人深刻反省的态度，得到了欧洲人民的宽恕和谅解，和周围的邻国相处越来越融洽，并且世界各国也纷纷与德国建交，德国因此赢得了国际上更多的朋友。

与人交往，难免会说错话，做错事，得罪人也是不可避免的。

若是能及时认识到自己的错误，诚恳地向人家道歉，并主动承担责任，一般情况下是能得到别人原谅的。

倘若你发现自己错了，却不及时向别人道歉，甚至千方百计为自己找借口辩解，其结果不仅得不到别人的谅解，相反还会受到道德上的谴责和人格、形象上的损害，使你失去朋友、失去友谊。因此，任何人都不要小看了道歉的作用。

犯了错，肯定已经给对方造成了伤害，至少带来了不快，那么，如果想求得对方的原谅，真诚的态度是很重要的。其实有时候事情并不大，关键是态度问题。过错方是不是从思想上意识到自己错在哪里，并诚恳地向对方道歉。

托尔斯泰和屠格涅夫都是俄国大文豪，而且是好朋友。1861年，屠格涅夫的《父与子》脱稿，邀请托尔斯泰到自己家，请他先看手稿并提意见。午饭后，托尔斯泰因困倦，读着书稿渐入梦乡，屠格涅夫十分不悦。席中，屠格涅夫对其女儿的家庭教师大加称赞，因为她教导女儿为穷人缝补衣服，在慈善事业上捐款，为穷人做好事。

不料托尔斯泰很不以为然，并加以讽刺，顿时惹得屠格涅夫怒不可遏，大声咆哮："这么说，是我把女儿教坏了？"托尔斯泰也不示弱，两人大吵了一场，从此不再交往。应该说，这两位大文豪的断交，托尔斯泰是有过错的，他比屠格涅夫年纪小10岁，却对屠格涅夫不够尊重。可惜，托尔斯泰一直没有勇气认错，因此两人的关系一直没有修复。

过了17年，托尔斯泰终于主动写信向屠格涅夫道歉："伊凡·谢尔盖耶维奇：近日回顾我同您的关系，我又惊奇又高兴。我对于您没有任何敌意，但愿您也这样，我知道您是善良的，我确信，您对我的敌对感情已经在我之前早就抛掉了——请您永远原谅我的一切，在您面前，我是有罪的。"屠格涅夫立即写回信："收到您的信我深受感动，我对您没有敌对情感，假如说过去有过，那么早已消除——只剩下对您的一片怀念。"

真诚的道歉换来了真正的谅解，他们的矛盾很快消除了，又恢复了旧日的友谊。在人际交往中，每个人都不可避免地会做错一些事情。做错了事情并不可怕，只要能够改正错误，及时向他人道歉，还是会得到别人的谅解的。

美国公关专家苏珊亚曾说："道歉是一个重要的社会技能，真诚的道歉将会使人们感受到人与人之间最美好的情感。"那么怎样才能做到真诚的道歉呢？应该做到以下几点：

1. 语气要真诚

语气一定体现真诚，在道歉的时候，一定要用真挚的语气、诚挚的态度。只有这样，才能够得到别人的谅解。

当然态度诚恳了，人们才会接受你的道歉。如果你只是迫不得已，敷衍了事，那么道歉就不会起到好的作用。因此，我们在向人道歉的时候，眼睛直视着对方，这样对方才相信你是真诚的。眼睛不要看着地上，做出一副漫不经心的样子。

2. 态度要大方，不要忸怩

道歉是一种光明正大的事情，所以要堂堂正正，没必要躲躲闪闪，羞羞答答。但是也没必要夸大其词，一味往自己脸上抹黑，这样别人不仅感受不到你的真诚，反而会觉得你很虚伪。也不要一再道歉，一再地道歉对方会觉得你啰唆，从而产生厌烦的心理。

3. 道歉一定要及时

即使不能够马上道歉，日后也要找准时机及时表示自己的歉意。及时道歉，可以在很大程度上弥补自己言行不当而带来的不

◇ 如何真诚地道歉 ◇

> 不好意思啊,我迟到了……

语气要真诚

真诚地说"对不起"以及指出自己错的地方,语气可以慢一点,态度诚恳一点,要让别人感受到,你意识到了自己的错误。真正地悔改了,认错了,就会被原谅。

> 这件事错并不在我,而是因为……

> 这么啰唆,真是一点也不干脆!

态度要大方,不要忸怩

不要遮遮掩掩,更不要推脱搪塞。否则会让人觉得你人品有问题,不值得信任。

> 老公,刚才对不起嘛……你就原谅我吧。

道歉一定要及时

拖久了容易导致误会加深或者感情破裂的状况,千万不要因小失大。

良后果。

　　道歉，要向对方表达出我们内心深处真诚的歉意。歉意的表达并不仅限于一句"对不起"，最重要的是要真诚，要有承担责任的诚心和勇气。其实，道歉不仅不是一件丢脸的事情，真诚的道歉，往往更能体现一个人良好的人品与修养。

安慰别人的时候，措辞须得体

核心提示

　　安慰的艺术在于"在适当的时机，说适当的话"，对话时应有时说，有时听。

理论指导

　　当朋友遇到不幸，有些人往往不能做出恰当得体的反应。我们常常说些朋友根本不想听的话，或者朋友需要时我们却避而远之；或者虽然亲自去探望对方，却总是避开敏感话题。其实，安慰别人也需要说话技巧。当至亲好友遭到不幸时，及时送上真诚的安慰，是为人处世的一种美德。

　　周亮和胡莹两人认识 3 年了。周亮很喜欢胡莹，主动追求她。胡莹对周亮也并没反感。于是，两人确定了恋爱关系。周亮整个人仿佛变了个样，除了工作恨不得把所有的时间都安排好，不是约胡莹看电影，就是请吃饭，想方设法讨得胡莹的欢心。

　　周亮心想，两人结婚是早晚的事情，不如先把一切都准备好，再向她求婚，这样也可以给女友一个惊喜。就这样，当周亮把结婚的东西置办齐，甚至把结婚的日期都确定了下来，就剩下胡莹一句"我愿意"了。可是当他手捧鲜花,单膝跪下求婚时,胡莹却拒绝了他,还无情地告诉他要中断恋爱关系。

周亮一下子从天堂到地狱,无法接受这个现实,他找到她家理论,又被拒之门外。他又气又恨,在门外叫骂,用头撞大门,要死在她家门外。最后,周亮悻悻离开,躲在屋子里不愿出门。

周亮的好友兼上司张经理看他整日陷在痛苦中无法自拔,无心工作,就跑过来问他:"你们之间有爱情吗?"周亮被问得沉默了。张经理进一步开导说:"光在一起看看电影,逛逛马路,吃吃喝喝,那不是爱情。再说,'捆绑不能成夫妻',既然人家不爱你,你何必强求呢?你今年才二十几岁,为一个不爱你的姑娘寻死觅活,多不值得?你业务能力强,工作又上进,将来事业不可限量,只要好好干,还愁找不到一个好姑娘?"一番话把愁眉苦脸的周亮说得眉眼舒展开了。

周亮失恋,这个既定的事实已经无法改变,想办法破镜重圆恐怕也是难以实现了。此种情况下,张经理有意把他的视线从眼前的糟糕状况中转移开,引导他放眼未来,同时给他指出开创未来的两点优势:年轻、工作上进,强调只要充分利用这些优势,就一定能够找到顺心的人生伴侣。这样,周亮的精神上有了寄托,精神状态也就好转了。

安慰别人,可以给他希望。比如:你可以描绘美好的未来,使对方产生精神上的寄托,他就自然而然地摆脱了对目前不利状况的思虑。未来是不确定的和无法预知的,正因为如此,未来才是可以去塑造、去开创的,才是可以寄予愿望的。当暂时出现了难以解决的难题和窘境时,你可以引导挫折者放眼未来,指出其开创未来的优势所在,使其产生对于未来的信心和希望,从而摆脱对眼下挫折的过多思虑，抖擞精神去开创未来。

安慰的艺术在于"在适当的时机，说适当的话"，对话时应有时说，有时听。正确的安慰才能起到宽慰对方的效果。如果朋友难受你表现得比朋友更难受，这样的安慰能叫安慰吗？那么，当朋友身遭不幸时，怎样才能使言辞恰当得体呢？

1. 避谈自己

当你看望身遭不幸的朋友时，请牢牢记住，你是去提供帮助表示关心的，因此要多多注意别人的感情，而不要以自己为中心，不要借朋友的不幸，引述你自己的类似经历。你可以说："我也碰到过这种事。"或者说："我能理解你现在的心情。"但你不应该说："我母亲去世时，我整整一个星期都没有吃饭。"对待磨难，每个人都有自己的方式，因此，不要把你自己的处事态度强加给感情并非与你一样外露的朋友。

2. 忌表怜悯

对于有强烈事业心和自尊心的人，无论是真正的男子汉还是女强人乃至有志气的少年，不管其处境多么不幸，怜悯都是一种变相的侮辱，只会刺伤他们的自尊心，激起他们的反感。对于老幼病残者，单纯的怜悯也只能促使他们沉溺于悲痛和绝望的深渊而无法自拔，更谈不上振作精神，坚强起来，向不合理、不公平的待遇和不幸的命运抗争。

因此，安慰他人时应该语气低沉但又不乏力量，尽量不当面说"可怜""造孽"等词语。怜悯的话语只会令人更加悲伤，而且把"可怜""造孽"等词挂在嘴边，仿佛在欣赏和咀嚼对方的痛苦。

3. 善用同样心理，了解苦恼的原因

安慰者常常会感到自己有义务为对方提出解决办法。在给出建议之前，我们所要做的就是了解对方苦恼的原因，你可以先耐心听完别人的故事，再考虑有没有必要分享自己的故事，以及分享的结果是否对对方有益，如何回应对方的话，或者盘算着接下来的话题。

另外，陪伴对方也是一种安慰。对方会在你的陪伴下，觉得安全、温暖，于是倾诉痛苦，诉说他的愤恨、自责、后悔，说出所有想说的话。当他经历完暴风雨之后，内心逐渐平静下来，能坦然面对自己的遭遇时，他会真心感谢你的陪伴，也觉得是靠自己的力量走过来的。

反击恶语要讲究策略

核心提示

当有人对你出言不逊时，你不能与对方恶语相向，最好掌握一些反击恶语的方法还对方颜色，让对方哑口无言。

理论指导

在生活和工作中，我们常常会遇到一些出言不逊的人。此时，我们切不可被对方几句粗言谬语激怒，像他们一样失去理智，最好掌握一些反击恶语的方法还对方以颜色。

齐国的相国晏子将出使楚国。楚王知道这个消息后，便对他左右的人说："晏婴是齐国很善于言辞的人，现在正动身来我国，我想羞辱他，用什么办法呢？"左右的人出了个主意。

晏子来到了楚国，楚王举行酒宴来招待他。正当大家酒兴正浓的时候，两个差人捆着一个人，走到楚王的面前。楚王故意问道："你们捆绑的这人，是干什么的？"

差人回答说："他是齐国人，犯了偷盗罪。"

楚王笑嘻嘻地望着晏子，说："齐国人本来就善于偷盗，是吗？"

晏子站起来离开席位，郑重其事地回答说："我曾听说过这样一个故事：橘树生长在淮河以南，是橘树；生长在淮河以北，就成了枳树。橘树和枳树虽然长得很像，但它们结出的果实味道却不大相同。橘子甜，枳子酸，为什么呢？由于水土不同啊！如今，在齐国土生土长的人，在齐国时不做贼，一到楚国就又偷又盗，莫不是楚国的水土使老百姓惯于做贼吗？"

楚王听后苦笑着说："德才兼备的圣人，是不能同他开玩笑的，我现在就有些自讨没趣了。"

生活中总有那么一些人爱故意找碴儿、寻衅滋事，想让别人下不来台。这时你如果退避三舍，必会遭人耻笑；如果视而不见，也难免有软弱之嫌。你想化被动为主动，反唇相讥，既可让寻衅者无言以对，也能在主动中有台阶可下。

这就要求我们不可失去理智，冲动行事，保持清醒的头脑，对不逊之言做出得体的应对，既维护自身的尊严，又使交际活动正常进行。下面介绍几种实用的应对方法。

1. 坦然笑对，伺机反击

尹莉是个残疾女孩，小儿麻痹症使她走路不太方便。她在某医院收费处当会计。一天，王科长夫妇来结账，他们递上一份账单。尹莉看了账单后指出，补药、进口的名贵针药，不在医保付费范围内，必须自费支付。王科长不悦地说："你都打成西药费，自费不都成了公费了吗？"

尹莉拒绝这样做，正要做耐心解释。王太太发脾气了，双手叉腰，趾高气扬地说："哼，你这个跛丫头！已经一条腿长一条腿短了，就睁只眼闭只眼得了，还较什么真哟！"

尹莉怔了一下，但马上压住心中的怒火，不卑不亢地说："我是个残疾人，这点不假，可是我的大脑没有残疾！虽然一条腿长一条腿短，可我的两只眼睛瞪得大大的，按医保条例收费，这个真我较定了！"她从容而坚定的话语赢得了围观人群的理解和支持。在人们谴责目光的逼视下，王科长夫妇不敢蛮横下去，只好按规定交了费。

尹莉的应对是巧妙的。她坦然承认自己的残疾，而且不在这点上与对方纠缠，然后抓住对方不按规定交费的原则问题，与其"较真"到底，有理有节，赢得了大家的理解和支持，而使出言不逊者成为众矢之的、无地自容。

2. 让取笑者自取其辱

晋朝刘道真读过书，由于遭受战祸，流离失所，无以为生，只好到一条河边当纤夫。刘道真素来嘴不饶人，喜欢嘲笑别人。一天正在河边拉纤，看见一个年老的妇人在一只船上摇橹，道真嘲笑说："女子为什么不在家织布，而跑到河里划船？"那老妇反唇相讥道："大丈夫为什么不跨马挥鞭，而跑到河边替人拉纤？"

又有一天，刘道真正在草屋里与别人共一只盘子吃饭，见到一个年长的妇人领着两个小孩从草屋前走过，三个人都穿着青衣，就嘲笑她们说："青羊引双羔。"那妇人望了他一眼，说："两猪共一槽。"刘道真无言以对。

要做到让取笑者自取其辱，首先要控制好情绪，不要激动。平和的心境不仅表现出自己的涵养与气量，以"骤然临之而不惊，无故加之而不怒"的大丈夫气概在气势上镇住对方，而且能够冷静地考虑对策。只有平静情绪，才能从容选出最佳对策，否则就可能做出莽撞之举。在反唇相讥的过程中，不能说了半天，还不得要领，或词软话绵。打击点要准，一下击中要害；反击力要猛，一下子就使对方哑口无言。

3."以毒攻毒"反讥术

也许有时候你只想找一句话把别人的嘲讽和指责顶回去，让他住口，但是偏偏想不出来。这里需提醒你的是，在反击之前，先要把对方的话语听明白，以便把握目标，瞄准靶子再放箭。这样才能既不滥杀无辜，也不放过小人。

一旦听懂了对方的用意，发现对方有明显的攻击意味，你就要提高警觉，及时做出判断：一是具有反击的针对性，如果对方发动的是侮辱性攻击，那么反击也是侮辱性的；如果对方发动的是讽刺性攻击，那么反击也是讽刺性的。二是后发制人，迅速而巧妙地把耻辱的标签贴到挑衅者的脸上。三是在方法上，可以捡起对方扔过来的石头扔回给对方，或顺水推舟巧妙地将矛头转向对方。

总之，对于尖酸刻薄者，对于故意寻衅的敌人，我们不可一味地宽厚下去，让他小人得意。对这样的人忍无可忍时，千万不要客气，该反击时就反击一把。为人兼有软硬两手，才能处世自保并争取主动。

第三章

『口吐善言』是最值得称道的正能量

——不着痕迹的赞美，让你更受欢迎

巧妙称赞对方的闪光点

核心提示

称赞他人之前，一定要及时找到对方闪光之处，在尚未确定对方优点之前，最好不要盲目称赞，以免自讨没趣。

理论指导

巧妙美好的赞美是人们生活中不可或缺的调味剂，要善于从对方身上捕捉可赞美之处。人人都有自己的闪光点，关键在于你是否有一双敏锐的眼睛。有些人对他人很少赞美，一个重要的原因就是他们看不到别人值得赞美的地方。

俗话说：赠人玫瑰，手留余香。赞美也一样。巧妙地赞美对方的闪光点，有助于沟通自己与他人的感情。特别是当你与他人产生隔阂时，关注对方，注意赞美他的闪光点，就是消除这种隔阂最有效的方式。

同时，对于自己不太亲近的人，恰当地赞美对方的闪光点，会增加对方的亲切感，自己很可能被对方接受和喜欢，进而建立更进一步的人际关系。

一位资深的作家经常被人称赞："你真是个伟大的作家，大家都认为只有你的作品是最值得我们拜读和学习的。"听到这样的夸赞,作家无动于衷,脸上没有任何表情。因为,以他现在在文坛上的地位,听到的类似的赞美已经多得不能再多了。

这时,过来一名女记者,她主动伸出手来与作家握手,另一只手指着作家修剪整齐的胡须说道:"作家先生的胡须可真的是与众不同,很有品位还十分有魅力。"女记者的话正说到了作家心坎上。

原来,刚被女记者称赞的胡须是作家精心留下并修剪打理的,可是却很少有人会对他的胡须进行赞美。女记者这么一夸,正好夸在点子上,夸到了作家的心坎里,他顿时喜上眉梢。

结果可想而知,女记者对作家进行了独家专访,而且两人还成了好朋友。

从这个故事里我们可以看出,恰合对方心意的赞美往往能给对方留下深刻的印象。对方会因为你的赞美而产生进一步同你接触的想法,同时他也会对你具有的不易被人察觉的特质大加赞美。所谓投桃报李,无形中拉近了彼此之间的距离。

由此可见,在赞美别人时一定要善于寻找对方最希望被人赞美的地方。例如:一般的女孩子都喜欢别人称赞自己漂亮,但是对于姿色出众的女孩,却希望别人赞美自己聪明。那么,"你真聪明"之类的夸赞会让她们欣喜万分。再比如,面对一个职位高的人,与其恭维他步步高升,还不如说"恭喜你可以在更大的天地里施展自己的才华了"。

同时,每个人都会有自己厌恶的东西,包括缺点。如果在对方看来是缺点且极力避讳的东西,却被你找出来极力夸奖,效果反倒适得其反,在对方听来就是挖苦和讽刺。这会让对方对你产生强烈的排斥,甚至你从此会被对方拉进交际黑名单。

赞美他人的闪光点，就要寻找到对方的闪光之处。每个人身上都有自己闪光的地方：有的人才智出众，心灵手巧；有的人待人宽厚，不计得失；有的人学习勤奋，锲而不舍；有的人脾气很好，做事细心。只要你细心观察，就能发现各种各样的闪光点，借此大加赞扬。

楚汉之争，刘邦打败了项羽，刘邦心里自然很骄傲，常常问他的大臣自己为什么能打败项羽之类的问题。大臣们都非常了解刘邦"胜者为王"的心理，于是都对他的才能赞叹不已。刘邦逐渐产生了自满情绪，执政的积极性慢慢懈怠了下来。

一天，刘邦生病躺在宫中，下令不见任何人，也不理朝政。周勃、灌婴等许多跟随他征战多年的大臣都找不到劝说的办法。

后来大将樊哙想出了个办法，进宫进谏。他先对刘邦过去的功绩进行了一番赞美："想当初，陛下和我们起兵沛县定天下之时，何等英雄！上下团结、同甘共苦，打败了项羽，建立了汉朝大业。"

几句话激起了刘邦对自己辉煌历史的自豪之情。然后樊哙话锋一转，说："现在天下初定，百废待兴，陛下竟这般精神颓废，大臣们都为陛下生病惶恐不安，陛下却不见大臣，不理朝政，而独与太监亲近，难道您不记得赵高的教训了吗？"

刘邦恍然大悟。自此以后，刘邦专心勤政，休养生息，使全国各地呈现出一派兴旺发达的景象。

故事中，樊哙先是称赞了刘邦征战时的辉煌战绩和勤政作风，而后又婉转地批评了刘邦的颓废和懈怠，赞扬与批评相结合，一席肺腑之言及时劝醒了刘邦。

由此可见，赞美就得"赞"到点子上，还要出自内心的真情

◇ 赞美对方时的注意事项 ◇

在实际的生活和社会交际中,赞美对方时要注意以下几点:

赞美表达要及时

> 这都是半年前的事了,我都快忘了!

> 丽丽,听说你的设计得奖了,你真是厉害!

通过赞美,人们可以尽快地了解回馈资讯,调节自己的行为。巩固、发扬好的方面,克服、避免不好的方面。如果回馈不及时,事过境迁,这时的赞美就没有太大的作用了。

赞美的话表达要准确,不能偏离事实

> 小伙子长得真是又高又帅啊……

> 她这是在讽刺我吗?

说赞美的话语时,常常需要想象力和热忱,不可虚假,更不能无中生有,否则将弄巧成拙,招致误解。

赞美表达要真诚

> 一点诚意都没有,不想说就别说!

> 恭喜你获奖……

专家说,在互相注视的时候,交流通常比较容易进行。所以,赞美别人时,最好是专注地注视着对方,这样你的话才显得是出于真心的,你的感情才显得真挚。

实感，这样的赞美才不会让人觉得虚假和牵强，而且会使对方产生一种遇到"知音"的感觉。因此，人与人之间的距离便越走越近。想要和别人融洽相处，恰到好处、真心地赞美才是最理想的工具。

巧妙地赞美对方的闪光点，往往会让对方听来十分亲切和愉悦，因而也更能增进友谊。在实际的生活和社会交际中，赞美对方闪光点要注意以下几点：

1. 赞美表达要及时

对别人的赞美，表达一定要及时，确保赞美的有效性。比如：赞美对象取得了一些荣誉或完成了一项艰巨的任务，要尽可能地在第一时间向对方表达你的赞美，不要等到别人都快忘了这事时你再来提及，赞美的效果就会大打折扣。

2. 赞美的话表达要准确，不能偏离事实

赞美别人是好事，但不应当是无原则的赞美。要把握分寸，确保赞美的内容与事实相符。比如一个长得很丑的人你硬说他高富帅；而一个思想猥琐之人，你却夸赞他品德高尚。这样的赞美只会让对方尴尬，并让对方误会你有讥讽的意思。所以，赞美对方时，夸赞的内容一定要符合实际。

3. 赞美表达要真诚

赞美别人时眼睛要注视着对方，把要赞美的话以真实情感来表达，让对方感受到你赞美的诚意。如果在赞美时东张西望，目光游离，别人不但感觉不到你的诚意，反而会认为你在敷衍，导致事与愿违。

总之，称赞他人之前，一定要及时找到对方闪光之处，在尚未确定对方自豪的内容之前，最好不要盲目称赞，以免自讨没趣。

赞美他人要有远见

核心提示

赞美不但要切合当前实际，还要具有一定的前瞻性和预见性，经得起推敲和时间的考验。当事情还没有最终完成之前，赞美时一定要谨慎。

理论指导

赞美不但要切合当前实际，还要具有一定的前瞻性和预见性，经得起推敲和时间的考验。当事情还没有最终完成之前，赞美时一定要谨慎。不能一发现别人的优点或长处，就马上赞美，应"三思而后赞"，把眼光放长远一些。只有远见卓识，才能使赞美有品位、上档次。

因此，赞美别人要用长远的眼光去审视，使自己的赞美经受得住时间的考验，不要搬起石头砸自己的脚。在日常生活中，你刚夸他做事小心谨慎，他却冷不防捅个大娄子。这种"话音未落"式的尴尬状况并不少见。

与此相反，"有眼不识金镶玉"的事也时常发生。人们除了对自己专长的东西比较了解以外，对专业以外的很多事情都很陌生。因此可以这么认为，赞美别人就是衡量别人的水平，同时也要求自己具有一定的水平。水平越高的人洞察能力越高，对别人的赞美水平就越高；水平越低的人洞察能力越低，赞美往往无法落到实处。

因此，在事情还没有了结之前，一定不要对别人轻易下结论。因为在最后关头，说不定事情就与你的预估相悖了。有些人看到

事情成功在即，便禁不住大加赞叹，甚至妄下断言："这回肯定赢定了。"最终结果却与愿望相违，岂不授人以笑柄。

在日常生活中，对于一些相对稳定的东西，如一个人的容貌、习惯和性格等称赞起来比较容易。而对一个人的处事态度、行为动机和成事机率往往不容易琢磨，因此称赞时一定要慎重。人在迫于某种压力和需求时，难免会做出错误的判断，导致事与愿违或造成失误。在赞美他人时千万不能以偏概全，这样会让你在无意中成为一位目光短浅的人。下面这个故事就说明了这个道理。

管仲和鲍叔牙从小就是好朋友。他们互相帮助，真诚相待。长大以后，他们一同去齐国谋生。管仲辅佐公子纠，鲍叔牙辅佐公子小白。

齐国发生内乱，齐襄王被杀死，公子纠和公子小白便开始争夺王位。结果公子小白当了国君，也就是齐桓公。为了治理好国家，齐桓公问鲍叔牙有什么高见。鲍叔牙说："您需要一个才智过人的贤人来帮助。"齐桓公说："难道还有比您更能干的人吗？"鲍叔牙肯定地说："有，就是管仲。""管仲？"提起管仲，齐桓公便咬牙切齿。原来在公子纠与公子小白争王位的时候，为保公子纠做国君，管仲躲在树林中向公子小白射了一箭。幸好箭射在衣带的铜钩上，公子小白才没受重伤，却结下了一箭之仇。

鲍叔牙说："管仲的才能超过我十倍，您要是不记前仇，真心实意请他来，不但能治理好国家，恐怕其他各国也得听您指挥呢！"他说服了齐桓公，设法把管仲请来。管仲见齐桓公不记一箭之仇，非常信任他，就决定帮助齐桓公治理国家。管仲在齐桓公支持下，对齐国进行了一番改革。几年时间，齐国就富强起来。

显而易见，鲍叔牙是一个非常有远见的人。他虽然不及管仲有才华，但却能看到管仲的优点和长处，并大力举荐，使得齐国安居乐业。他对别人的欣赏深有远见，因而名留青史。

因此，赞美别人需站在一定的高度上，充分发掘别人的能力和优点。赞美一个人的行为和贡献比赞美他本人效果更好。如何才能保证自己对别人的赞美具有远见呢？

1. 要根据对方的努力目标，适当附加点条件赞美

赞美一个人的前景，要了解对方的志向，并适当地附加一些条件。否则，就会弄巧成拙。如果面对一个孩子，人家的目标是学音乐，你却夸他身材魁梧，长相标准，有大将之才，岂不贻笑大方？如果你说这孩子有音乐天赋，若能勤于练习，他日必有所成。这样你的赞美既使他人感到实在具体，又颇具远见卓识。

2. 不过于翔实

对于一个人的未来情况很难预料，存在的不稳定因素太多。有人喜欢在这一类的赞美中表达得很具体，以求博得对方的欢心和彰显自己的洞察力。但这样做的结果往往会适得其反。

总之，要使自己的赞美经受得住时间的考验，而且要别人欣然接受，就要使自己的赞美具有一定远见。

赞美异性，最好委婉地借用别人的话

核心提示

如果能借助第三人之口赞美对方，往往能够起到更好的效果。

理论指导

称赞异性要讲究技巧，否则稍有不慎便会招致不必要的误解。如果是初次见面，你的赞美还可能被理解成过于露骨的奉承甚至给人留下低俗厌恶的印象，无法将自己要表达的意思正确地传递给对方。

在日常生活中最常见、最常用的赞美方式是面对称赞对象直接吐露自己对他的欣赏和肯定。相比之下，间接赞美则更富有技

巧性，在一些特定的情况下，间接赞美更能达到自己预期的效果。

尤其是赞美异性的时候，你如果能借别人之口来赞美对方，既能传达善意，也能表明自己的赞同立场。既不显得突兀和直接，又借其中微妙的心理使对方感到惊奇，更会让对方处于猜想的快乐中。

在一次宴会上，有一位帅气、高大，而且又很绅士的男士。文小姐很想接近他，想对他了解多一点。

但她明白，想要给他留下一个好印象，如何开口是关键的一步。因为在这种男人周围应该有许多女人想接近他。因此自己要想博得他的好感，就必须表现得不卑不亢。因为是自己先开口，文小姐处于主动地位，所以她就要以稳取胜。文小姐认为，此时借别人之口称赞他是最管用的。

当朋友介绍文小姐和他认识后，文小姐说："听说你潇洒开朗，以前是只闻其名，今天看来的确如此。"

在初次见到对方时夸奖对方能起到重要的作用，这样的开场白不仅暗示了文小姐对他有兴趣，而且又引起了他的兴趣。最重要的是这样的开场白能给自己带来机会的同时又能掌握主动权。

由这个故事可以得出，借他人之口，赞美一个异性，会增加你的赞美效果。一般来说，人们都愿意相信，你借他人之口加以赞美的方式不过是一个托词，只是你羞于直接说出口，你所表达的其实正是你自己的真实看法。

在国人的传统观念中，一个人直白地称赞异性，不仅使自己的形象受损，同时也会使受夸赞的异性不自然。通过借口于人的方式，你既可以达到赞美对方的目的，还可以维护基本的心理安全需要。因此，赞美异性，直接不如间接含蓄、婉转。

李伟读研究生期间，有一个师妹叫晓琳。刚入学时，她常常因为自己来自一个普通本科学院而缺乏自信，与来自名牌大学的同学相比多少有些自卑。

李伟发现这个情况后，找到师妹谈心，并对她说："咱们导师对我说了，说你的作业很认真，思想有深度，是一个好苗子，导师也正是看中了你的这一点才把你收入门下，所以别让他失望呀。"

晓琳听后很高兴，觉得自己在导师的心目中是个有出息有前途的女孩。从此以后，师妹更加努力学习，三年竟发表了十多篇论文。

由此看来，李伟当时传达的导师的赞扬在晓琳的成长过程中起到了很大的激励作用。如果当时李伟没有借用导师之口，而是直接夸赞师妹的话，那不但达不到激励师妹的效果，而且还可能会给师妹带来新的困扰。

赞美异性，最好委婉地借用他人的话，被赞扬的那个人也会对你非常的信赖，并产生和你积极沟通与交流的愿望。具体可以从以下几点做起：

1. 赞美要具体

赞美异性时，一定要具体，千万不能漫不经心，随便敷衍。当你借用第三者之口表达对异性某方面或个人本身的欣赏时，用那种缺乏热诚的空洞的称赞，并不能使对方高兴，有时甚至会由于你的敷衍而引起对方对你以及你口中的第三者的强烈反感和不满。在赞美时，最好能说一些与当前的事情密切相关的情况。比如，与其说"听说你特别棒，今天一见果然如此"，不如说"之前一直听说你工作很努力，今天一见果然如此"。

2. 赞美要适度

恭维的话不宜过多，尤其当被恭维的对象是异性时。就算你是假借第三人的话来恭维，多了也会让人觉得不自在，甚至会觉得你这个人花言巧语，油嘴滑舌，无法让人信任。要知道，适度的赞美并不是单纯的奉承，它是搞好人与人之间关系的良策。如果运用过度，则会招人厌恶。

3.赞美要恰当

赞美异性，选好恭维的话题很重要，不可过分夸张，也不能无中生有。对于青年男士，可赞其年轻有为；对于年轻女士，可赞其活泼可爱。这些都恰如其分，对方也乐意笑纳。但如果对青年男士说：早就听人说你经验丰富、见多识广；对年轻女士说：听说你驻颜有术、保养有方……就有些不伦不类，估计你话没说完，对方就会对你怒目相视，弄不好还会遭人唾弃。

借他人的话赞美异性，还要注意一点就是要表明自己的赞同立场，如果自己反对别人的赞扬，那么，自己就可能不受欢迎。世界上没有人会对别人的赞美无动于衷，关键是赞美时是否巧妙，这一点，通过委婉地借用他人的话来赞美就可以圆满达成。

赞美不能忽视小事

核心提示

生活中的很多细节小事，犹如一块块未经雕琢的璞玉，如果你没有一双识别它们的慧眼，它们就会永远被埋在山野石林之中，很难实现其真正的价值。

理论指导

日常生活中，人们的视野中往往有许多盲点，不能发现别人细微的长处。真正的赞美能手应避开盲点，从具体的事情入手，用翔实的赞美语言夸奖别人微不足道的小事，会让对方感受到真挚、亲切和可信。如果含糊其辞地赞美对方，很可能引起对方的猜度，甚至产生不必要的误解和信任危机。

很多人都认为自己精通赞美之辞，却不愿意在小事上赞美别人。自认为只有从大事、重要的事情着手，赞美才显得有诚意，才会有效果。其实，人们有非常显著成绩的时候并不多见，重复地表述同一个观点，又会招致别人厌倦。因此，应从小事之中发觉其含有的价值加以称赞，这才是赞美者的明智之举。

俗话说："勿以恶小而为之，勿以善小而不为。"同理，赞美也应勿以事小而不赞。一般来说，大事的影响和意义大家都能看得见讲得出，而被赞美者的整体形象还包括大事背后一件件细微的小事，而这些小事却被大多数人所忽略。如果有人对于这些细小的努力表示肯定和赞美，对于他本人来说，更乐于接受后者。

当赞美的对象是针对某一件事情时，赞美会更有力量。称赞得越广泛越庞杂，它的力量就越弱。例如，"小李，你今天的穿戴非常有品位，你的领带跟你的黑色西服搭配得很完美"要比"小李，你今天穿得真精神"更能说到小李的心里去；而"黄小姐，每次和你说话，你都让我觉得很开心"就比"黄小姐，你很会与人相处"更有力量。

因此，赞美越从细节入手，越能说明你对对方的了解，对他的长处和成绩越看重，更能接近你和对方的距离。不能只是用一些"你工作得非常出色"或者"你对工作很有见地"等空洞肤浅的话语来称赞对方。从细节入手赞美他人更能显出赞美的真实性。

法国前总统戴高乐访问美国期间，在尼克松为他举行的宴会上，尼克松夫人费了很大的劲布置了一个漂亮的鲜花展台：在一张马蹄形的桌子中央，五颜六色的鲜花衬托着一个精致的喷泉。

戴高乐一眼就看出这是女主人为了欢迎他而精心设计制作的，不禁脱口称赞道："女主人为举行这次正式的宴会，一定花了很多时间来布置这么漂亮、雅致的鲜花展台吧！"尼克松夫人听了十分高兴。事后她说："大多数来访的大人物要么不加注意，要么不屑为此向女主人道谢，而他总是先想到感谢别人。"

戴高乐贵为国家元首，却能细心发现别人的良苦用心，这使他成了一位备受别人尊敬的人。面对尼克松夫人精心布置的鲜花展台，戴高乐没有像其他人那样视而不见或漫不经心，而是即刻领悟到对方在此花费的苦心，并对这一片苦心表示了特别的肯定与感谢。戴高乐赞美的言语虽然简短，但很显然，使尼克松夫人深受感动。

很多人在赞美他人时习惯于泛泛而论，抓不住赞美的重点，其中一个突出表现就是忽视细节。其实，对方之所以在细节上投入那么多的时间和心血，一方面说明对方对此有特别的偏爱，另一方面也说明对方渴望这些努力能够得到应有的回报。

因此，在赞扬别人时，就要从细微之处出发，不仅会给别人以出乎意料的惊喜，而且可以使你具备关心、体贴入微的形象。

虽然赞美不能忽略生活中的小事，但并不是所有的小事都能作为赞美的对象，这就要求赞美者要掌握一定的技巧，否则会被别人当作小题大做，恭维做作，反而没有效果。

1. 排除理所当然的心理

很多人不喜欢从小事上对别人表示赞赏，是因为有一种理所当然的心理。因为社会分工不同、志向不同、关系不同因产生这种心理，认为别人做那些小事是分内的事情或觉得这些小事不值得赞扬，因为关系太熟也觉得不用赞扬等，造成了不愿开口或懒开口的状况。

2. 要善于留心观察

要想从小事赞美别人，就要做一个善于观察的有心人。称赞一个人最大的优点，不如发现对方最不显眼，甚至他自己也不曾发现的小优点。因为小优点容易被他人所忽视，从未或很少被人发现，因此也就容易得到被赞美者重视。同时，你与众不同的观察力还会获得对方的肯定。

3. 要善于思考

很多人认为，小事本身没有太大意义，因而可以忽略，可以视而不见。如果能从小事本身结合实际，发现其背后的闪光点，挖掘出更深一层的意义，对于这种赞美和肯定，就没有人会表示无动于衷，甚至会因此引发其他人的深省和感悟。

总之，想要拥有好的人际关系，就要学会在平时从细节上下功夫，不要忽略身边每一件值得赞美的小事。

赞美是激励他人的最佳方式

核心提示

每个人都有自己的长处和优势，只要你能发现对方的优点和长处，并给予高度的赞许，就会让他把自己的优点表现得淋漓尽致。赞美能够激发人内在的自尊，是一种正面强化，能增强被赞美者趋善的动机，从而达到扬长避短的效果。

理论指导

在现实生活中，每个人都渴望得到别人的赞赏，惧怕受到责难。如果想让一个人矫正自己的缺点，首先，你就应该反过来赞美对方的一些优点。这样，对方才会乐于迎合你的希望，改正自我。

当别人计划做一件有意义的事时，在事情伊始给予赞扬，会让对方产生把事情做好的激情和信心；在其实施计划的中间给予赞扬，会给对方坚持下去的动力；在事情结束时给予赞扬，则会加大对方的成就感和荣誉感。倘若一个人做的事得不到认可和鼓励，那就会心灰意冷，少了坚持下去的动力。

日常生活中，也许会碰到恶劣的人与事，批评和指责只会增加对方的怨恨与不满。想要改变这种情况，就尝试使用赞美的语言，这也许会带来意想不到的效果。

某个跨国公司有一个清洁工，本来这是一个容易被人忽视、被人不屑的角色。但就是这样一个人，却在一天晚上公司保险箱被窃时，与小偷进行了殊死搏斗。事后，有人为他庆功并问他的动机时，答案出人意料。他说，当公司的总经理从他身旁经过时，总会赞美他"你扫的地真干净"。就这么简简单单的一句话，就使这个员工受到了感动，并甘于以性命报答。这也正合了我国的一句老话"士为知己者死"。

如果在生活的细节中，对别人奉上一句赞美，就是给予他最好的礼物。这并不需要付出多大代价，顺口的一句话而已。如果老总在巡视的时候，顺便和员工说一句："嗯，干得不错。"那员工们可能会用更积极的工作态度来回报。

由此可见，赞美是人际关系的润滑剂，是一种非常有效的激励手段。平时对自己周围的人进行真诚的赞美，就能收获一种融洽的人际关系，对提升自己工作和生活中的人气将起到非常积极的作用。

偶然的赞美还能让人从自卑走向自信。人们在自己的长处、特点不能被人所发现和认可的时候往往会陷入深深的自卑里,甚至于想放弃那些优势和特长。此时,如果有一个人对此给予认可,不但会给对方信心,甚至会因此改变一个人的人生。

一个小女孩因为长得又矮又胖而被老师排除在合唱团之外。小女孩躲在公园里面伤心地流泪。她想:"为什么我不能去唱歌呢?难道我真的唱得很难听吗?"想着想着,小女孩就唱起歌来。"唱得真好听!"这时,一个声音响起来,"谢谢你,小姑娘,你让我度过了一个愉快的下午。"说话的是一个满头白发的老人,他说完后站起来独自走了。

许多年过去了,小女孩变成了大女孩。长大了的女孩变得美丽窈窕,而且还成了有名的歌星。她一直没有忘记很多年前在公园称赞她唱歌好听的老人。后来她才知道,老人早已死了。"他是个聋子,都聋了二十年了!"一个知情人告诉她。姑娘惊呆了:那个下午屏声静气听她唱歌并热情赞美她的老人竟然根本什么都听不到!

如果没有老人的赞美,小女孩也许就不会有后来的成就,甚至会因为自卑而失去唱歌的勇气。由此可见,赞扬是认知行为的催化剂,可以激发人体潜能。一次不注意的赞美可以改变一个人一生的命运。

赞美虽然具有如此大的作用,但在日常的生活中,人们运用的概率却相对较低,或者已经运用的赞美也因为各种原因收到的效果不尽如人意。如何让自己的赞美达到好的效果,要注意以下几点:

1. 避免自己的赞美数量过少或泛滥

有的人不轻易赞美别人,"金口难开",而更多的时候是否定

◇ 赞美的方法 ◇

赞美既能取悦别人，也能愉悦自己。常见的赞美方法有：

直接赞美

根据对方的爱好、特长、素质修养等方面，进行正面赞美。这种方式开门见山，直截了当，所以应用范围较广。直接赞美一个人引以为傲的方面，可以使你更好地与对方相处。

含蓄赞美

含蓄地赞美他人，就是尽量避免直接说"好""美""挺不错""真棒"等词，而是通过其他语言表示对对方特点的赞美。

幽默、诙谐的赞美

人际交往中，赞美不像演讲，所以不需要太过于严肃和正式，运用诙谐、幽默的赞美方式，可以缓和气氛，使他人在轻松愉悦之中欣然接受。

或者不置可否，往往缺乏亲和力。而有的人则相反，对于每个人都毫不吝啬地大加赞赏，赞美的内容也大致相同，以致让别人感受不到你赞美的诚意，因而达不到效果。

2. 避免用人与人之间的差异做比较，尽量用赞美对象自身的差异做对比

很多人在赞美别人时，喜欢用周围的人与赞美对象的差异进行比较，以别人的差距和不足作为赞美的根据，很少对赞美对象自身某一时期与另一时期某个方面的变化进行比较。这样一来，就会招致被用作反面对比的人的反感。所以，正确的赞美应以赞美对象自身的进步为依据，这样才能收到激励别人的效果。

3. 避免形式和时机的单一性

许多人把赞美理解得比较正式、中规中矩，一般只在正式场合或者一些重要的聚会上给予别人赞赏和肯定。这种单调而枯燥的赞美从根本上来说效果不大，不如在发现别人的优点时及时地、恰到好处地给予肯定和认可，在一定范围内进行很好的扩大，进而增强赞美的效果，反而更能激励对方。

总之，赞美是激励他人的最佳方式，关键在于自己是否有这种意识，能不能掌握一定的赞美方法和技巧。

有新意的赞美更能打动人

核心提示

赞美别人，需要善于挖掘，从独特的视角出发，察别人所未察，言别人所未言，这样才能发现新亮点。不要跟在别人后面，鹦鹉学舌，那样只能落入俗套，不会有什么新意。学会寻找和发现对方与众不同的地方，你的赞美也会与众不同。

理论指导

在通常情况下，当一个人在公共场合赞美对方，一时又找不到合适的赞美之词，于是就搬出一些众口一词的赞美，尽管是出于好意，但被赞美的人往往不会对这同一内容的赞美动容，甚至会因此而反感。如果你只是一味采用以往的陈词滥调或鹦鹉学舌般恭维别人，那么效果将适得其反。

五代十国时期的梁太祖朱温对手下一些溜须拍马的人很不满意，一直想找机会教训他们一下。一天，梁太祖带领手下外出打猎，途遇一棵大柳树，他随口说了一句："这棵柳树真大！"他手下的这些弄臣马上附和道："这棵柳树真大！"梁太祖心里顿生厌恶，对这些弄臣的赞同产生了反感，但又不能马上发作，于是决定故意说错："这棵柳树这么大，能作车头。"按照常理，柳树是根本不能做车头的。梁太祖之所以这样说，只是再次验证一下这些臣子，他很希望能有人站出来驳斥这个观点，但结果却令他非常失望。他的话音刚落，几乎所有的人立刻应声附和："这棵柳树真大，能作车头。"梁太祖再也忍不住了，他厉声训斥道："柳树再大又怎么能够作车头，你们除了尽显溜须拍马之能，并无治国之才，留你们何用？"说完愤然离开。

赞美不等同于恭维和附和。在与人交往的过程中如果一味地恭维别人，只能适得其反。在被赞美者听起来，他们会觉得赞美者缺乏诚意、玩世不恭，从而认为对方不值得深交。

如果你能找到别人都忽视的优点来赞美对方，就必然能引起对方的注意。因此，赞美别人，有时需要独具匠心。比如，面对一个学识出众而长相一般的女孩，如果你赞美她的专业水准高，她或许会对此没有太多反应，因为她自己对这一点已深信不疑，有关这方面的赞扬她耳熟能详了。可如果你赞扬她"走路姿势很优雅，显得很有气质"，她可能就会深深地记住这句话。

创新赞美很重要，如果在赞美他人时加上一些"新意"的话，让自己的赞美有别于那些陈词滥调，那么赞美的效果就会更趋于完美，效果自是不言而喻。

一位摄影师在为一位女明星拍照。女明星对着镜头有些紧张，一直没能捕捉到很理想的瞬间。于是，摄影师在按下快门前十几秒钟对她说："小姐，你的耳朵真漂亮，我拍过的所有模特都没有这么漂亮的耳朵。"女明星平常听人夸赞漂亮、有气质等赞美的语言太多了，但此时居然听到有人赞美她的耳朵，连她自己在此之前都没有发现，她赶紧摸了摸自己的耳朵。当她自然地把手放下时，摄影师的快门已经按下去了，并拍出了摄影师想要的表情。

摄影师赞美别人看不到的地方，这一招真是很厉害。可见那位摄影师不但拥有一双慧眼，抓住了别人没有注意到的细节。还懂得避开了锋芒，绕开人们关注的焦点的赞美技巧，取得"巧言至诚心"的最佳效果。

学会寻找和发现对方与众不同的地方，你的赞美也会与众不同。所以，要想引起对方的注意，就必须摒弃那种众口一词的陈词滥调，采用一种别具一格的赞美语言。经常恰到好处又实事求是地赞美别人，就容易得人心，同时也会赢得别人的认可和赞美。

赞美别人，应该不断选择新的角度发掘新的内容，特别是对方潜在的优点，这样才能达到赞美的效果。在与人交往的过程中，要避免自己的赞美与别人同一腔调，就应当注意以下几点：

1. 避免在赞美他人时只说单调话

面对一个有一技之长的人，一般都会想到从他擅长的特点对他进行赞美和恭维。同时，还一致认为只有这样才是对这个人最彻底和最完善的赞美。事实上，随着听到赞美的次数越来越多，被赞美的人已经对这种赞美产生抗体，不但不能让对方喜悦，反而让对方产生反感。

2. 面对不太熟悉的人，避免随意套用公式化的赞美

到一个新的社交场所，面对不太熟悉的人，不要随意套用公式化的赞美，以免触及别人的痛处或忌讳，给别人带来不快。应从赞美对象的实际情况的各个角度出发，比如可以赞美对方："气度不凡""有品位"等。

总之，如果提升自己的观念，善于从其他人从来没有发现的角度去赞美别人，往往可以达到事半功倍的效果，从而留一个好的印象给对方。

第四章

情商是里子，幽默是面子

——情商告诉你该说什么，

幽默让你说得更漂亮

谈吐幽默，会让你更受欢迎

核心提示

幽默是良好的修养，是充满魅力的语言，可以让你在各种社交场合中更受他人欢迎。

理论指导

幽默是一种才华，一种智慧，一种力量，富有幽默感的人本身就是一个强磁场，它能聚拢人脉，更容易成就一番事业。正如美国一位心理学家说的：幽默是一种最有趣、最有感染力、最具有普遍意义的传递艺术。学会幽默，你便拥有了受大家欢迎的一大资本！

在生活中，幽默能够帮助我们在社会交往中与人建立一种和谐关系。当我们希望成为能克服障碍、具有乐观态度、赢得别人喜爱和信任的人时，它就能帮助我们达到目标。

社交中的语言风采是人们在他人眼中形成印象的最主要部分，细数那些优秀的成功人士，他们的共同特征就是言语幽默。真正恰当的幽默是需要遵守一定规范的，只要你能在幽默的时候提醒自己要合乎礼节，适时且适当，就能成为一个受欢迎的人。

生活中巧妙地运用幽默，可以使交流变得更加融洽，让人心情放松。用幽默的方式和态度对待他人，能让彼此之间走得更近，也更容易得到一种默契和快乐。

元旦到了，刘芳带着一份精美的礼物去拜访自己的老朋友，一进门，刘芳便对好友说："这是我精心挑选的根号2，请笑纳！"

她的好友一下子懵住了："根号2？这是什么意思？"

刘芳笑着说："根号2的意思就是1.414，意思意思嘛！"

好友听罢，顿时笑得合不拢嘴。

刘芳的幽默，使自己的礼物有了更多的含义，也使得朋友之间的感情更加富有情趣并随之加深，使彼此都获得了心灵上的愉悦。

如果说语言是人与人沟通的窗口，那么幽默便是吹过窗口的暖风，它能够让我们在表达心意的同时，感受到彼此的欢乐。谁不希望能有几个颇具情趣的朋友，来平添自己的生活乐趣呢？我们应该让自己具备幽默感，成为朋友们的开心果，为他们带来快乐的同时，也让自己走进他们心里。

不可否认，言语幽默的人更容易获取成功的机会，但是在运用幽默的时候，有些忌讳是千万碰触不得的。

1. 忌不明确目的，不掌握尺度

幽默的目的有大有小、有远有近。一般的社交场合中，幽默者一试身手的目的有二：一是把听众逗乐，让他们哈哈大笑，在自己努力创造的欢乐气氛中联络感情，办好事情；二是展示才华，表现自我。因此在制造欢乐的过程中，我们必须注意幽默尺度的选择。

2. 忌胡乱借用英雄形象来幽默

每个时代不同的人群都有自己尊崇的"圣贤"。当今社会，

◇ 怎样才能增加幽默感 ◇

开拓知识面

一个孤陋寡闻、知识浅薄、经验贫乏的人是很难有幽默感的。精通古今中外的文化、学识渊博、阅历丰富的人更善于说出幽默的话。

陶冶情操

以乐观的心态洒脱地面对人生，同时还要乐观对待现实。乐观与幽默是亲密的朋友，生活中如果多一点趣味和轻松，多一点笑容和游戏，多一份乐观与幽默，那么也就没有克服不了的困难，也就不会整天愁眉苦脸、忧心忡忡了。

为众人所接受的英雄形象，能维护公众利益的权威形象，似古时"圣贤"一般，不可拿来作为幽默打趣的对象。

3.运用幽默避免粗俗的内容

任何一种幽默都是建立在礼貌用语的基础上的，不管在什么场合，好的语言习惯能成就好的语言风格。在现实生活中，常常会有这样的人，说起玩笑话完全不顾场合、不分时机，甚至拿恶俗、不雅的语言当作幽默哗众取宠。这不仅是不文明、不礼貌的表现，更是一种侮辱他人，有损自己人格的表现。

4. 不调侃不如自己的人

客观地说，站在你的角度上，比你混得差的人可笑之处肯定不少，但如果总是津津乐道地笑话不如你的人，你就会被别人笑话，笑你不厚道、笑你没出息，专拣软柿子捏。高明的幽默一般是将聚光灯对准"大人物"。

5. 忌拿别人的伤疤作为幽默对象

这其中的道理，即使不讲，大家也会明白，只要心智健全、富有同情心的人都会理解这一点。拿别人伤疤作为搞笑材料，显示自己的幽默感是非常愚蠢的做法。不仅不会给人带来乐趣，反而会令人反感。

随机应变，巧用幽默来解围

核心提示

在某些尴尬的场合，恰如其分的幽默能使自尊心通过自我排解的方式受到保护，而且能体现出说话者宽广大度的胸怀。

理论指导

尴尬是生活中遇到处境窘困、不易处理的场面而产生的张口结舌、面红耳赤的一种心理紧张状态。此时，如果能调整心态、急中生智，以戏谑来冲淡它，就可以收到良好的效果，从而化解紧张的气氛。

丘吉尔说过："除非你绝顶幽默，否则就无法处理绝顶重要的事，这是我的信念。"杰出的政治家就经常用幽默化解对手的攻击或一些不便回答的问题。

丘吉尔任国会议员时，有位女议员十分嚣张。一天，她居然在议席上指着丘吉尔说："假如我是你老婆，一定在你咖啡杯里下毒。"

狠话一出，人人屏息。却见丘吉尔笑答："假如你是我老婆，我一定一饮而尽！"结果，全场人士及那位女议员都忍不住笑了起来。

在有些尴尬的场合，恰如其分的幽默能使自尊心通过自我排解的方式受到保护，而且能体现出说话者宽广大度的胸怀。

幽默历来是最妙的语言艺术，世界上很多伟大的人物都曾经展现过自己幽默的语言天赋，并以此化解自己或他人遭遇的尴尬局面。

大哲学家苏格拉底的妻子是一位性情非常急躁的人，往往当众给这位著名的哲学家以难堪。有一次，苏格拉底在与几位学生讨论某个学术问题时，他的妻子不知何故，忽然叫骂起来，震撼了整个课堂。继而，他的妻子又提起一桶凉水冲着苏格拉底泼了过来，致使苏格拉底全身湿透。

当学生们感到十分尴尬而又不知所措的时候，只见苏格拉底笑了起来，并且幽默地说："我早知道打雷之后一定要跟着下雨的。"这一忍让的幽默虽话语不多，却使妻子的怒气出现了"阴转多云"到"多云转晴"的良性变化。大家听了都欣然大笑起来，更敬佩这位智者明哲高超的文化素质、艺术修养和坦荡胸怀。

幽默是恰当运用语言的艺术，许多成功的人都深谙幽默的力量，能把幽默运用得当一定会为你的事业推波助澜。

幽默是一种奇妙的语言，它能够激起普遍的欢乐和快感，把大家带进愉悦的氛围。那么，当我们遭遇窘境时，该如何利用幽默为自己解围呢？不妨从以下两点入手：

1. 采用"趣味思维"方式

"趣味思维"是一种反常的"错位思维"，就是不按常规的思路走，而是"岔"到有趣的方面去，进而捕捉到生活中的喜剧因素。

拿破仑的身高只有 168 厘米。当年他担任法兰西共和国意大利方面军总司令时，曾对比他身材高大的部下说："将军，你的个子正好高出我一个头。不过，假如你不听指挥的话，我就会马上消除这个'差别'。"严厉中，显示出了拿破仑的幽默和自信。

在这里，拿破仑并不避讳自己个子矮的弱点，反而从自己身上找到了"喜剧因素"。他的思维"错位"使他想的同别人不一样，于是便产生了幽默。

2. 在瞬息构思上下功夫

用幽默解围是一种"快语艺术"，它需要的是灵光一闪的智慧。你必须想得快，说得快，触景即发，涉事成趣，既在意料之外，又在情理之中。

比如，有位老师问一位学生："马克思是哪国人？"

学生说："是英国人吧？"

教师煞有介事地说："哦，马克思有时也会搬家的。"

学生对这样常识性的问题都答不出，可能令老师不快，但他幽默的语言脱口而出，包含了对学生善意的批评，又给对方解了围。

尴尬场合，得体合适地运用幽默可以平添风采。做一个说话幽默的人，需要我们用一种趣味的角度看待发生在自己身边的种种事情，只在一念之间，悲剧变喜剧。请在自己的心里撒下幽默的种子，不用多久，你会发现，自己是世界上最富有的人！

诙谐的语言能带给人快乐

核心提示

说话的最高境界就是能够运用巧妙的语言，化腐朽为神奇，虽然轻描淡写，却给人带来欢乐和笑声，并产生幽默的效果。

理论指导

幽默的语言能够活跃气氛，缓解紧张，化解矛盾。它能使紧张的气氛由冷变热，使消极的情绪由阴转晴，使双方对话能在愉快轻松的氛围中顺利进行，达到预期的目的。一个善于运用幽默诙谐语言的人，能给他人带来欢乐，也能使自己成为一个吸引人的社交高手。

抗日战争初期，陈毅率领新四军到达浙江开化县，当地的一抗日组织召开了一个盛大的欢迎会。当请陈毅讲话时，主持人称陈毅为"将军"。陈毅登上讲台，接过话头大声说："我叫陈毅，耳东陈，毅力的毅。刚才主持先生称我将军，实在不敢当，我现在还不是将军。当然叫我将军也可以。我是受全国老百姓的委托去'将'日本鬼子的'军'。这一'将'直到把它们'将'死为止……"这段讲话，既自然风趣，又富有哲理，既活跃了会场气氛，又紧紧抓住了听众。

幽默的语言往往给人以诙谐的情趣，又使人在笑意中有所领悟，因而幽默往往是缓解紧张、去除畏惧、平息愤怒的最好方法。

德国著名的将军霍夫曼，有一次他到慕尼黑对军队进行考察。

当晚，慕尼黑的军官俱乐部举行宴会，对他的到来表示欢迎。在大家举杯喝完酒后，一个服务员来给将军斟酒，由于紧张和激动，服务员居然一下子把酒洒到了将军的秃头上。

当时，在场的军官和士兵看到这种情况后都非常紧张，不知道将军将如何大发雷霆来惩罚那个可怜的服务员。服务员也吓得脸都白了，脸上不自觉地流下了一道道汗水。

只见霍夫曼将军拿出口袋里的手帕，擦了擦脑袋，笑着说："小伙子，我这脑袋已经秃了二十年了，你这个方法我也用过的，谢谢你。可还是得告诉你，这样根本不管用！"

就在大家一阵哄笑声中，那个服务员终于恢复了平静，他感激地向将军敬了个礼，流着眼泪退了下去。这时，大厅里响起了一片热烈的掌声……

试想，假如不是霍夫曼将军善用幽默，不知道那个可怜的服务员会陷入怎样的尴尬和自责中。而将军一句宽宏大量的玩笑话，把尴尬的气氛缓和了下去，而且也赢得了全体将士们的尊重。

在交谈中，适当地使用幽默的语言，可以打破僵局，可以回敬对方不礼貌的言辞，也可以使严肃紧张的气氛顿时变得轻松活泼起来，甚至可以缓和或解决矛盾。

在一辆公共汽车上，由于急刹车，车厢里的一个小伙子猝不及防撞到了一位姑娘身上。姑娘当时很不高兴，气冲冲地说了一句："德性！"意思是指责那个小伙子缺德。那个小伙子立刻解释说："对不起，这和'德性'无关，是惯性。"

一句话引起了乘客们的一片笑声。那位姑娘也在众人的笑声当中原谅了小伙子的无意失礼行为。

人与人之间常常因为各种小的摩擦造成彼此之间不愉快的场面。上面的例子中的那位小伙子如果一本正经地加以解释，恐怕要大费口舌也起不到太好的效果，或者是针锋相对地回敬一句，则可能引起一场无谓的争吵而导致不欢而散。而这一句"对不起，这与'德性'无关，是惯性。"既不失礼貌，又对自己没有站稳的原因进行了准确恰当的辩解，同时在幽默诙谐中对那位姑娘极不礼貌的话给予了反击，真是无可挑剔的回答。

有人说："一颗快乐的心，更胜于怀着一只药囊，可以治疗心中的百病。"让生活中增添笑声和乐趣，幽默诙谐的语言少不了。但是要想提高说话的幽默水平，掌握适当的幽默技巧是必需的。

1. 巧用笑话

适当地讲些笑语，可以使语言充满幽默感，从而缓解人们的紧张情绪。某公司的一次非正式会议中，面对一个棘手的问题，经理感叹地反问："恐怕再也没有如此巧合的事情了吧？"坐在旁边的小张说："有啊，我爸爸的婚礼和我妈妈的婚礼恰好在同一天举行。"一句话给打破了整个沉闷的气氛，给大家带来了欢乐。

2. 适度夸张

运用夸张的方去来表现幽默，博人一笑的效果也非常鲜明。比如你有事找一位朋友，但对方就是不接听电话，你只好亲自找上门去。一见面你可以这样说："你可真难找，给你打了100多个电话，打得我的手机都死机了……"运用夸张式的幽默语言，既巧妙地批评了对方不接电话，又避免让对方生气。

3. 自我解嘲

有的时候，自我解嘲也能造成一种幽默的气氛。比如，在别人请你唱歌时，而你又不善歌唱，便说一句："我五音不全，唱起

◇ 常见的幽默技巧 ◇

要想提高说话的幽默水平，掌握适当的幽默技巧是必要的。

恐怕再也没有如此巧合的事情吧？

有啊，我爸爸的婚礼和我妈妈的婚礼恰好在同一天举行。

巧用笑话

根据眼前发生的事实，适当地说些笑话，不仅能够达到缓解紧张情绪、活跃气氛的效果，还能够吸引听众的注意。

你可真难找，给你打了100多个电话，打得我的手机都死机了……

适度夸张

将事情进行适度地夸张，造成一种极不协调的喜剧效果，也是产生幽默的有效方法之一。

王总，来唱一个！

我五音不全，唱起来怕把你们吓跑了。

自我解嘲

运用嘲讽的语气说出自己的缺陷，以取得别人共鸣，引起别人会心一笑。这种方法，不仅可以调节气氛，有时还会达到幽默的效果。

来怕把你们吓跑了。"这样的自我解嘲，也是幽默的表现。

幽默也是可以模拟的

核心提示

模拟的要诀在于出人意料地把毫不相关的事扯在一起，内容越是风马牛不相及越好，距离越大越能引起惊讶；在形式上则越是接近，越有幽默的效应。

理论指导

模仿很简单很直接，也是最容易制造喜剧效果的幽默方法之一。"模拟幽默"法就是把大家原本熟悉的的语言情境，移置新义，与原义形成对照，从而产生不协调之趣，造成幽默感。

一位美国女教师总爱板着面孔上课，动不动就批评学生的顽劣，弄得学生怨声载道。一次她在课堂上提问："'要么给我自由，要么让我去死'这句话是谁说的？"

"1775 年，巴特利克·亨利说的。"有人用不熟练的英语答道。

"对。同学们，刚才回答问题的是日本学生，你们生长在美国却回答不出来，而来自遥远的日本的学生却能回答，多么可怜啊！"女教师借机讽刺了一下其他同学。

"把日本人干掉！"教室里传来一声怪叫。

女教师气得满脸通红，问："谁？这是谁说的？"

"1945 年，杜鲁门总统说的。"

这位同学话音一落，全场一片哄笑，就连那位日本学生也忍俊不禁，哈哈大笑起来。

瞧，这就是模仿的魅力。

模仿既是一种抄袭，也是一种学习，我们不仅可以模仿原来语境中的语言要素，还可以模仿一些幽默大师、一些搞怪的动作、独特的声音等。这种幽默简单易行，也更容易为自己和别人带来快乐。

"模拟幽默"法的技巧有顺拟法、反拟法、别拟法等。

1. 顺拟法

顺拟法是顺着旧格式拟出新的内容。由于这种手法多用于触景生情而即兴创作，所以常能引出新的寓意。

比如，有些人精力过剩，浪费过度，有劲没处使，有力没处用，整天泡在麻将馆里，于是有人便讽刺道："春眠不觉晓，时间何时了，夜来麻将馆声，输赢知多少。"

2. 反拟法

反拟法就是把我们日常生活的习惯用语，偶尔反用其意，造成新奇的幽默感。比较而言，反拟比顺拟更能留下深刻的印象，这是反差造成的效果。

反拟法看起来简单，只是要将现成话反过来说，但是必须说到点子上，才有幽默感。只要你懂得点到为止的道理，强扭的瓜也甜。

3. 别拟法

别拟法就是要拟出幽默的别拟来，这也是我们经常有意识无意识地运用的。比如，我们讽刺那些为儿子去安排锦绣前程的父亲叫作"孝子"，这已不是封建礼教所指的"孝子贤孙"了，而是孝顺自己儿子的"孝子"了。

别拟法要拟得自然贴切，切忌生搬硬套，应当追求一种天然的妙趣，人为的痕迹越少越好。

不管什么人，只要口头禅一多，就会缺少幽默感，这时，一个最好的办法就是运用"模拟幽默"法来推陈出新。

那么，我们怎样才能通过模拟的方法，使幽默感在模拟中创新呢？一方面是顺应人们喜新厌旧的心理，另一方面也不忽视人们喜新恋旧的心理，将这两种心理移植在一起，也便产生了模拟幽默法。

一位女教师被调到了一所位于城市郊区的大学。第一次到学校上课，她不是很熟悉路况，再加上赶上了一场大雨，她打不到出租车，没办法，她只能自己骑车赶往学校。

当她撑着雨伞，骑车从住处奔到授课地点时，已经晚了十分钟，一推开教室的门，迎接她的是几十双疑惑的眼睛。

女教师为自己的迟到感到抱歉，她走上讲台，向同学们鞠了一躬，然后说："不好意思，让同学们久等了。我是讲《公共关系学理论》，但可能是我只会理论不会实践，所以和老天爷的关系没处理好。因此，他用一场雨来提醒我……"

女教师满含幽默的道歉顿时惹得同学们大笑，大家都为她鼓掌。就这样，上课迟到的尴尬消失不见了。

老师借用她的课与天气的关系制造幽默，巧妙地化解了尴尬，同时让她和同学的关系迅速破冰，这就是幽默的力量。

模仿虽然简单，但要制造出理想的幽默效果，还需要你认真把握。如果你善于形体模仿，可以尝试用直观的形象来创造喜剧效果；如果你头脑机智灵敏，略通文墨，则可以利用语言模仿创造幽默，这种幽默不仅有趣，还能成为你的有力武器。

运用"模拟幽默"法要把握好这样三个字：名、热、新。

1. 名

名就是你所模拟的应当是知名度高的名篇、名言、名句，或大家熟悉的成语、台词、俗话等。

2. 热

热就是你要表达的内容应与时代合拍，最好是人们关心思考或者有争议的热门话题，这样就能很快引起人们联想，产生共鸣。

3. 新

新就是观点新。这是模拟幽默法的灵魂。也就是说，旧瓶装新酒还不够，还必须装上新的气息，以造成幽默的醉人气氛。

"张冠李戴"，巧用替代说话

核心提示

选择恰当的替代性语言，常常可以产生很好的喜剧效果。

理论指导

两个语词意义相同或有某种联系，人们在说话时，用其中一个去替代另一个，这种手法就叫替代法。替代之所以能造成幽默，是由于替者与被替者往往不协调，将此代彼，就表现出一种滑稽可笑的效果。

一个学校进行考试。老师在监考时对学生说："今天的考试，我们要求同学们'包产到户'，不要走'共同富裕'的道路。"

这位老师的话引起了同学们的会心一笑，知道老师说的是不允许相互提供方便，要自己答自己的卷子。但老师的话妙就妙在没有直言考场纪律，而是用两个农村改革中的专业词语来代替：

"包产到户"代替"自己答自己的卷子","共同富裕"代替"相互帮助"。由于"包产到户"和"共同富裕"的巧妙借喻与考场上紧张严肃的气氛格格不入，形成强烈的反差，所以产生了幽默。

这种不直接表述某种事物，或不直说某事某人的名称，而是用其他相关的词语、名称来取而代之的幽默方法，我们称之为"张冠李戴"，它与修辞中的借代（或叫换名）基本上是相同的。

我们在观赏马戏团的演出时，经常会觉得那些穿人类服装的猩猩、猴子之类非常滑稽可笑，因为兽类本来不具有文明的特征，把人类文明的东西强加于动物身上，自然给人以不协调感，所以容易为之发笑。这就是张冠李戴造成的喜剧效应。说话也是这个道理，故意用甲来代替乙，并使之在特定的环境中具有不协调性，且意味深长，便是幽默了。

修辞上的借代，也可归入替代一类中去，其间能造成幽默者，也必是显示了代者与被代者的不协调。用人或事物的特征代本体也是制造幽默的有效方式。比如鲁迅先生在小说《故乡》里有一句话："圆规一面愤愤地回转身，一面絮絮地说，慢慢向外走……"这个"圆规"代称小说中的杨二嫂。为什么这么借代呢？因为杨二嫂身材细瘦，圆规最能体现她的身材与姿势的特征。这样一代，更加突出了她身材与姿势的滑稽可笑性，读来倍感有趣。

所谓张冠李戴，选择恰当的"冠"，主要有两个渠道。一是从现成的行业术语、专业术语、政治术语中去选择，像前边提到的"包产到户""共同富裕"等都属此类，相对来讲，这样的选择比较容易。二是在交际过程中选择适当的词语来完成换名，这种选择和应用相对要难一些，但只要替代得好，更有现场效果和机智的幽默感。

在一次访美期间，丘吉尔应邀去一家专门做烤鸡的简易餐厅进餐。丘吉尔很有礼貌地对女主人说："我可以来点鸡胸脯的肉吗？""丘吉尔先生，"女主人温柔地告诉他，"我们不说'胸脯'，习惯称它为'白肉'，把烧不白的鸡腿称为'黑肉'。"

第二天，这位女主人收到了一朵丘吉尔派人送来的漂亮的兰花，兰花上附有一张卡片，上写："如果你愿把它别在你的'白肉'

上，我将感到莫大的荣耀——丘吉尔。"

女主人称"胸脯"为"白肉"，弄得丘吉尔当时很被动。但丘吉尔很快就从被动中走出来，他现买现卖地把"白肉"借用过来，以"白肉"来代称女主人的"胸脯"。这显然是把鸡和人扯到了一起，给人赋予了鸡肉的名称，诙谐的讽刺中多了几分幽默感。借用现场的交际语来实现张冠李戴的幽默，体现了丘吉尔的聪明机智。

借用交际语必须有一个前提，就是双方都是当事人，都明白那个借体用来代替的事物是怎么回事。如果你将一个地方的交际语拿到另一个交际场合去张冠李戴，由于对方不明真相，你的幽默力量便不会传递给对方，那么你的幽默也就失败了。

巧设悬念，吊吊听众的胃口

核心提示

越是有悬念的东西，越是能吸引人的好奇心。

理论指导

吊足胃口其实就是设置悬念。制造悬念是一个非常有用的幽默技巧，是抓住听众的好办法。通常是讲话者先说出一个令人吃惊的"结论"，即从"另类"的角度说出结果，然后巧言解释，使接受者恍然大悟，产生幽默的效果。

对演讲者来说，在开场白的时候，他们只有通过巧设悬念才能进一步抓住观众的心，这样可以使演讲更加有趣、生动；就听众来说，如果演讲与一般逻辑不同，那么他们就会紧跟着演讲者走，这样才足以吊起听众的胃口。

当代著名作家冯骥才机智幽默，口才不凡，经常妙语迭出。1985年，冯骥才应邀到美国做演讲。他的开场白新颖独特，构思奇巧让人赞叹。演讲即将开始，大厅里座无虚席，鸦雀无声。主持人向听众介绍说："冯先生不仅是作家，而且还是画家，以前还是职业运动员。"简短介绍完毕，大厅里一片寂静，只等这位来自中国的作家开讲。此时的冯骥才也十分紧张，因为美国人参加这类活动是极其严肃认真的，必定是西装革履，穿着整整齐齐，对演讲者要求很高，必须是口若悬河，机智敏锐，而且要幽默诙谐，否则他们就不买你的账，甚至会纷纷退场，让你下不了台。

只见冯骥才沉默了片刻，当着大家的面，把西服上衣脱了下来，又把领带解了下来，最后竟然把毛背心也脱了下来。听众都愣了，不知他这是什么意思。大厅里静得连掉根针也听得见。略停了一会儿，冯骥才开口慢慢说道："刚才主持人向诸位介绍了我是职业运动员出身，这倒引发了我的职业病。运动员临上场前都要脱衣服的，我今天要把会场当作篮球场，给诸位卖卖力气。"独具一格的开场白，引得全场听众大笑，掌声雷动。

一开场，冯骥才就制造了一个悬念，他并不急着演讲，而是从容不迫地脱起了衣服，如此出人意料的行径，让听众大惑不解。吊足了听众的胃口后，冯骥才不露声色地说出开场白，幽默地说出用意，寥寥数语就让听众恍然大悟：原来他刚才的所作所为都是铺垫与烘托，他是接着主持人介绍自己曾是职业运动员的话头，来了个"借梯登楼""运动员临上场前都要脱衣服的"，所以他也脱衣服为演讲做准备。

这样别开生面而幽默生动的开场白，令人耳目一新，一下子吸

引了美国听众的注意力。冯骥才的演讲以动作设悬念，开场白释悬念，如此睿智幽默，引起听众的满堂喝彩也是顺理成章的了。

设置悬念又称"卖关子"，即说话者先提出一个故意使人产生误会的结论，然后再做出一个出人意料的分析和解释，其目的是为了抛砖引玉，利用听者的好奇心理，先说出一个发人深思或出人意料的现象、结论，设一"关卡"又秘而不宣，吊住别人的胃口，再巧解谜团，让听者自我猜测思考后才加以分析，和盘托出真情或道理。

著名作家刘绍棠就是利用巧设悬念法，使演讲大获成功。

有一次，刘绍棠要在南开大学做报告。在他讲到"每一位作家都是有所为有所不为的，即使是真实的东西，也是有所写有所不写，无产阶级的文学更是如此"时，台下有人递来一张纸条，上面写着："刘老师，您说作家有所为有所不为，我觉得不应该这样。既然是事实的，就是存在着的；存在着的，就应该给予表现，就可以写。"

刘绍棠对于这张纸条提出的问题，并没有采取简单的批评的方法去回答，而是找到这位写纸条的女同学，说："你把你的学生证给我看看好吗？"这位女学生充满疑惑地反问："为什么要看我的学生证？""我要看看你的学生证上是不是贴着脸上长疮的照片。""我为什么要把长疮的照片贴在学生证上啊？""长疮时你为什么不照个照片呢？"刘绍棠追问一句。"长疮时谁还照照片啊，怪寒碜的。"女同学很轻松地回答。

"你不在长疮时拍照片，更不会把长疮的照片贴在学生证上，这说明你对自己是看本质的。因为你是漂亮的，长疮时的不漂亮是暂时的，它不是你最真实面目。所以你不想照相留念，更不想照这样的相片贴在学生证上。某些缺点是需要批评的，但有些事情是有特殊原因的，是涉及许多方面问题的，可你非把它揭露出来，这岂不是明知故作，岂不是跟把长疮的照片贴在学生证上一样道理吗？"

　　这位女同学提的问题应该够"刁",因为她针对刘绍棠演讲中的部分话语大做文章,如果照常理来讲,是需要付出很多的精力与时间的,但刘绍棠巧妙地跳出这个圈,使出了"卖关子"手段,不与她进行正面"较量"。他从听众的角度出发,根据照片与本人的可比性,先使对方不知不觉地进入自己预设的语言"圈套"中,然后就此展开说理,使道理犹如拨云见日般地显露出来。

　　可见,设置悬念法对调节生活中的尴尬及不快有很大效果。但设置悬念也是需要技巧的,其前提是做好充分的铺垫,不要急于求成。你所说的话要让听众对结果产生错误的预料,然后在听众的强烈好奇心下再把结果点明。给听众一个思考的时间,这样听众就能更加深刻地领略话中的奥妙。

一语双关,娱乐无极限

核心提示

　　当遇到棘手的问题不好回答或不能回答时,一语双关往往能收到出人意料的效果。

理论指导

　　一语双关是利用语意相关或语音相似的特点,使语句具有双重意义,造成言在此而意在彼的效果。善用双关语,能曲折地表达思想感情,使语意含蓄,也使语言幽默诙谐。

　　所谓双关,也就是你说出的话包含了两层含义:一是这句话本身的含义;另一个是引申的含义,幽默就从这里产生出来。也可说是言在此意在彼,让听者不只从字面上去理解,而能领会言

外之意。

美国第 38 任总统福特，他说话喜欢用双关语。有一次，他回答记者提问时说："我是一辆福特，不是林肯。"众所周知，林肯既是美国很伟大的总统，又是一种高级的名牌小汽车；福特则是当时普通、廉价而大众化的汽车。福特总统说这句话，一是表示自己谦虚，一是为了突显自己是大众喜欢的总统。

使用双关语是产生幽默最常见的方法。双关具有一箭双雕的特点，在文章或说话中是一种幽默的机智，只要用心观察，就会发现日常生活中有不少具有创意的双关语。

有一天，一位年轻的作者来到某编辑部，递上自己的作品。编辑看了作品以后问他："这篇小说是你自己写的？""是我自己写的。我构思了一个多月的时间，整整两天才写出来的！""啊，伟大的契诃夫先生，您什么时候复活了啊！"编辑大发感慨。听了编辑的话，年轻人赶紧离开了编辑部。原来，"契诃夫先生，您什么时候复活了啊"这句话，暗指"你抄袭了契诃夫先生的作品"。其效果远胜于明言快语地指出作品是抄袭的。

在社交中，当遇到棘手的问题不好回答或不能回答时，一语双关往往能收到出人意料的效果。由于双关语含蓄委婉，生动活泼，又幽默诙谐，饶有趣味，能给人以意在言外之感，又使人回味无穷，因而经常为人们所使用。

有时候，相同的一句话，因为场合、说话对象等外在因素的变化，说出来就会表达出不同的意思。因为有些词语本身就包含有两种相反的意思，在特定的场合表达出与人们期望相反的意义。

由此可见，语意双关是一种非常实用的幽默技巧，它可以避免把话说得太直、太透，我们要学习并利用它，使之成为社交中与人交流的沟通方式。

第五章

在共情中展开对抗

——情理融合，才能有效地说服人

说服他人靠的是脑袋而非光靠口才

核心提示

　　说服别人靠的是脑袋而非光靠口才，在劝人时不可直来直去、正面交锋，直白的语言只会招人反感和讨厌。

理论指导

　　大多数人认为，说服别人肯定要靠好口才。其实光有好口才还不能完全达到目的，有个聪明的大脑才是说服的根本。假如空有好口才而不知用智慧来支配口才，把握说话的分寸，好口才也可能成为毁灭你前程的罪魁祸首。所以在与他人相处时，不要逞一时之快，说话不可直来直去，招人反感。

　　历史上有个楚襄王，他整日不务正业，不思进取，只顾个人享乐，不理朝政，而且听信奸臣和谗言，结果一而再再而三地被秦国攻城略地，江山社稷岌岌可危。

　　尽管如此，软弱的楚襄王依然不打算奋起反抗，而是一味地妥协退让，满怀希望地期待秦国人会良心发现，适可而止。

　　楚襄王的这种做法，让很多关心国家安危的大臣们十分着急，大臣们纷纷进谏，但楚襄王一个也听不进去。有的大臣甚至屡次进谏都没能获得成功，反而遭到楚襄王的无理呵斥，说他们多言滋事，危言耸听。

　　这时，朝中有一位足智多谋的大臣，名叫庄辛。庄辛见楚襄王不顾国家的日渐衰亡，他看在眼里，急在心上，又见众人劝说无效，决定亲自去找楚襄王。

　　这天，庄辛看楚襄王正在花园赏花，就走了过来。楚襄王见庄辛来到自己身边，知道又是来劝谏的。楚襄王打定主意，无论庄辛说什么，自己都不听。所以等庄辛来到他身旁时，他只瞄了庄辛一眼，一言不发。

　　庄辛明白，自己若是直接劝解，肯定会与其他大臣一样无功而返，楚襄王是听不进去的，只有另辟蹊径，才能进谏成功。

　　这时，恰有一只蜻蜓飞来，庄辛马上找到话题说："大王，您看见那只蜻蜓了吗？"

　　楚襄王一听，感到有些意外："看见了，有什么特别吗？"

　　庄辛继续说："瞧瞧，它活得多舒服呀！吃了蚊子，喝了露水，停在树枝上休息，自以为与世无争，世人不会对它怎样，但它哪里知道，树下正有个小孩拿了粘竿等着它呢！顷刻之间，它就会坠于地下，被蚂蚁所食。"

　　楚襄王听了，面露凄然之色。

　　庄辛又说："您看到那只黄雀了吧？它跳跃在树枝上，吃野果，喝溪水，自以为与世无争，世人不会对它怎样，但它哪里知道，树下正有个童子，拿着弹弓对准了它。顷刻之间，它就会坠下树来，落在童子手中。"

　　楚襄王听了，开始面存惧色。

　　庄辛又说："且不说这些小东西了，再说那鸿鹄吧！它展大翅，渡江海，过大沼，凌清风，追白云，自以为与世无争，乐得逍遥自

◇ 靠智慧说服别人 ◇

看来她脾气很倔，认死理，不能直接劝，要注意策略……

从细节了解别人的意见和看法

在说服别人之前尽可能地了解别人。了解别人的意见和看法，并以此为依据进行说服。

用内涵提升说服力

给别人留足面子，切忌"赶尽杀绝"，以自己的内涵让对方信服，从而达到说服的目的。

我最近状态不太好，也有可能搞错了……

在，世人不会对它怎样，但它哪里知道，下边正有个射手搭弓上箭，已瞄准了它，顷刻之间，它就要坠下地来，成了人间美味呢！"

楚襄王听了，惊起了一身鸡皮疙瘩。

庄辛又说："禽鸟的事不足论，再说一下蔡灵侯吧。蔡灵侯左手抱姬，右手挽妾，南游高陵，北游巫山，自以为与世无争，别人不会对他怎样，哪知子揽已奉了楚宣王的命令，前去征讨他而夺其地了，顷刻之间，蔡灵侯死无葬身之地。"

楚襄王听了，吓得手脚抖动起来。

庄辛又说："蔡灵侯的事远了，咱说眼前吧。大王您左有州侯，右有夏侯，群小包围，日夜欢娱，自以为与别人无争，会得到别人的容忍，哪知秦国的穰侯已得了秦王之令，正率重兵向我国进发呢！"

听了庄辛的这些陈述，楚襄王的脸色一点点变白，浑身发抖，他决心痛改前非，重振国威。庄辛的进谏忠心可嘉，楚襄王为此奖赏了他；庄辛又因劝君有方，被加封为阳陵君。自此，楚襄王励精图治，与秦人一争高下。

由此看来，在说服他人时，如果采取迂回的方法，既可以让他人明白自己的错误与过失，又能够使他欣然接受、乐于改正。庄辛要说的话和其他臣子一样，都是要劝楚襄王振作起来，但别人的话楚襄王听不进去，庄辛的话却让楚襄王吓得全身发抖。为什么呢？

只因为庄辛在说服中采用了迂回战术。他抓住了两个关键点，一是把国家的生死和楚襄王的生死利害关系连在一起；二是用画面和实例来吓楚襄王，让楚襄王听了这些话就想到具体画面。当他想到其他人如蔡灵侯的真实下场时，自然就会想到自己的下场。

说服他人不仅要靠口才，更要靠头脑，所以在劝人时不可直来直去、正面交锋，直白的语言很可能会招人反感，而采取迂回的战术，让他人自觉明白自己的过错，才能出奇制胜。

在生活中，随时可能遇到要说服别人的情况，如果不掌握技巧，仅凭好的口才很难以达到理想效果，要想更好地达到说服的效果，就要靠脑袋来支配口才，具体从以下几点做起：

1. 从细节了解别人的意见和看法

要想说服别人，首先要清楚别人的意见，知道他们的想法，才能采取有效的语言进行说服。了解得越多，言语的说服力就越大。

想提高自己说服的效果，就要想办法接近对方，关心对方，注意他们的日常表现，研究分析对方的行为动机和心理活动。

2. 用内涵提升说服力

在与人争辩强调自己的观点时，要表现出风度，注意适可而止。即使你的观点很正确，也切忌把对方"赶尽杀绝"，让他在众人面前颜面扫地，给别人留足面子，自然就在别人的心里种下了感激和信服。

总而言之，说服他人不是强硬地把自己的观点塞进别人的脑袋里，也不是仅仅靠口吐莲花就能达到。而是要动用智慧，采用各种合理的方法和语言表达在人群里树立良好的声誉和信服力。

先获得对方的好感，再委婉地商量

核心提示

说服别人能否成功，就要看是不是因为你过于直接的说话方式得罪了对方，让对方感觉到不快。

理论指导

要想在一场谈话中开个好头，先获得对方的好感，趁对方心神愉快时再提出自己的观点，相信对方更容易虚心接受，而且还会感激你。但如果你较为直接地提出自己的观点，纵然出发点是好的，也难免会激起对方逆反的情绪，甚至导致适得其反的结果。

一名广告设计师魏明为客户做了一个方案，连续改了几次，客户还不是很满意，魏明也很不耐烦，说什么也不想改了。老板让魏明的好朋友黄雨去说服魏明再修改方案。黄雨开始也不知道怎么说才算好，后来他想了一下，就去对魏明说："最近你搞的方案应该是不错的，比较漂亮，老板看了也说好。不过，有个问题想跟你探讨一下，就是内容上可以再精确一些。我帮你一起搞怎么样？"

黄雨说的话先扬后抑，语气婉转，听不出有什么批评的意思，魏明自然容易接受，事情也就顺利解决了。显而易见，人都容易先入为主，前面赞扬的话让他很受用，后面的意见听起来就是好意，对方自然就听得进了。所以无论在对朋友说话还是说服别人时，都应该以礼相待，注意说话时的语气口吻，像"不过""当然""如果""可能""能否"这些委婉的词语应该多多使用，双方就容易沟通和交流。

说服一个人是否能顺利成功，很大程度上取决于说服时采用的态度和方式。没哪个人喜欢被别人指手画脚，如果一味地讲道理或再三强调自己的看法，不难发现，除了别人的厌恶和不满之外，将一无所获。虽然古话说"良药苦口利于病，忠言逆耳利于行"，假如良药不再苦口，效果或者会更好。

一位18岁的男孩辍学了，整天无所事事，打着"自己养活自己"的幌子，离家出走找工作，几夜未归，结果工作没找到，自己没能养好自己，反倒参加了一次打群架。母亲望着一身野气、又瘦又脏的孩子，痛了几天的心更加痛楚。疼、气、爱、恨以及对未来的忧虑，使她一下不知从何说起。顿了一下，她说："妈妈心里明白，你出去是为了找工作，为了给自己、给父母争气，也为了减轻妈妈的负担，让妈妈看到你成人而高兴。你能这么懂事，体谅大人，我很高兴。但是……"看到儿子羞愧地低下了头，妈妈又转了话锋，"不管怎样，你已经知道怎样对自己负责了，妈妈相信你以后不会做出对自己前途没好处的事。"

这位母亲没有吵嚷、打骂。而是先给予孩子肯定，再委婉地提出自己的意愿。由此可以看出，好的谈话者常能够从对方的心中找出容易接纳自己的点，从而缩短与对方的距离，获得对方的好感。

如果在说服中一定要说一些对方不容易接受的话，比如明确指出对方的缺点错误或改变对方的观点时，首先要考虑到对方能否接受。如果一开口就直指问题，对方肯定会有抵触情绪，这时候绕个弯子说问题就显得很有必要了，先讲一些对方爱听的话，或者赞扬对方一番，然后再转入正题，就能达到想要的效果。

当然获得对方的好感并不是让人无原则地一味讨好、迁就对方，而是指在坚持原则的前提下，更好地把握说服的分寸和方式。生活中，每个人都是平等的，想得到最佳的说服效果，不妨在说服的前面，先做好和谐融洽的铺垫，让对方在欢愉中接受。

寻找对方感兴趣的话题或是满足对方情感方面的某种需要，就能赢得对方的好感，再适时地提出自己的观点，这是使得说服取得圆满成效的一条捷径。

1. 寻求与对方保持一致

当你试图说服对方时，如果你越是使自己等同于他，就越具有说服力。因为你和他的相似度越高，他就越认同你，当成自己人。你的言行在他看来，就代表着他的需求，对你的好感多过于排斥，这时你再委婉地提出自己最初的想法，对方就比较容易接受。

◇ 获得对方好感的两个策略 ◇

其实我也经常做料理，这款料理机确实挺好用的……

寻求与对方保持一致

在谈话过程中，应该敏锐地把握共同意识，以便求同存异，缩短与对方的心理差距，进而达到说服的目的。

创造友好的谈话气氛，与对方推心置腹

轻松友好的谈话环境可以减轻对方的思想压力，冲淡对方的抵触情绪，减轻对方的防备意识，为说服做下铺垫。

2. 创造友好的谈话气氛，与对方推心置腹

努力创造一种热情友好、轻松愉快的谈话气氛，从而消除对方的猜疑、警惕、排斥心理，这对后面说服工作的达成起很大作用。在说服对方的过程中，能否让对方感受到被尊重，不仅会影响到对方的心态、情绪，而且会影响到说服的效果。对方如果觉得自己在谈话中受到尊重，往往会变得更友好和热情。相反，如

果对方的自尊心受到伤害，他常常会变得冷淡、消极、不服气或恼怒，甚至会反唇相讥以示愤怒，个别气量狭小者还有可能不顾一切后果图谋报复。

总而言之，在应用这种说服策略时，最关键的一点就是在给予别人认可和称赞以获得对方好感时，一定要表现出足够的真诚，千万不要表现出是在敷衍了事，这样会引起对方的反感，从而无法达到想要的结果。

层层递进，把理说透

核心提示

运用层层递进的说服技巧，依赖说服者对人生、世事的透彻领悟和理解。由点及面，层层递进地向被说服者渗透自己的观点和内容，给对方一个接受新观点的心理缓冲过程，进而心悦诚服地接受你的观点。

理论指导

一个人的思想是复杂的，对某一事物不理解、想不通时，往往就会顾虑重重。因此，你在说服那些不能一点就通的人时，就要采用层层递进的方法，把道理一层一层地说清说透。从而消除被说服者的顾虑，进而收到理想的效果。

《战国策·或谓韩公仲》讲述了这样一个说服的故事：

有人游说韩国的公仲："双胞胎长得很相似，只有他们的母亲能分辨出他们；利与害表面上也很相似，只有明智的人才能分辨清楚。现在您的国家利、害相似，正如双胞胎长得相似一样。能用正确的方法治理国家，就可以使君主尊贵，身心安稳；否则，就将让君主卑贱，身陷危境。

"如果秦、魏两国联合成功，却不是您来促成的，那么韩国一定会遭到秦魏两国的谋算。如果韩国跟随魏国去讨好秦国，韩国就成了魏国的附庸，必将受到轻视，君主的地位就降低了。秦国和韩国友好以后，秦国一定会安置它所亲近的、信任的人，让他在韩国执掌政权，以此巩固秦国的势力。这样您就危险了。如果您和安成君帮秦、魏联合，成功固然是福气，就算不成功也是好事。秦、魏两国联合成功，而且是由您来促成的，这样韩国就成了秦、魏两国往来的通道，韩国的地位肯定会得到提高，君主也会更受尊重。安成君在东面受到魏国的重视，在西面得到秦国的尊崇，掌握着这样的优势，可以替您向魏、秦两国的君主索取好处，将来分封土地，成为诸侯，这是您头等的功业。

"再说，秦魏两国不可能长期友好下去，秦国恼怒得不到魏国，必然会亲近韩国以便遏制魏国，魏国也不会永远听从秦国，一定设法和韩国修好来防备秦国，这样您就可以像选择布匹随意剪裁一样轻松应付。如果秦魏两国联合，那么两国都会感激您；如果不能联合，那么又都会争着讨好您。这就是我所说的成功了是福气，不成功也是好事的道理，希望您不要再犹豫了。"

这位说客能深刻把握形势、洞见事情发展趋势，而且游说时由双胞胎说起，层层递进地把利害关系和各种情况分析得透彻、明了，最后的结论不证自明。

柴田和子是日本的保险推销员。一个星期六，她去拜访一位准客户，这位先生是汽车销售公司的部门经理，他觉得买保险是杞人忧天的懦夫所为。

◇ 使用层层递进时的两个技巧 ◇

花瓶碎就碎了，他还这么小，就算了吧。

怎么能算了呢？你也认同"从小见老"这个观点吧，他这么小，就知道撒谎，长大了轻点是撒谎，再严重点呢？就不知道什么样了！

准确掌握对方心理，主动出击

只有清晰地看清、洞察对方的内心，然后根据对方的心理，层层深入地进行论述。

层次分明，不偏离主题

不论是论或辩、攻或防，都要像剥竹笋一样，一层又一层，由浅入深、由表及里，围绕主题，层层递进，步步深入。

他到底想说什么呀，一会儿说这个一会儿说那个的……

柴田和子对这位经理说："先生，你是从事汽车销售工作的，一定熟悉交通情况吧，那请教你一个问题，你开车上班或兜风，是不是一路都是绿灯？"

"这个不一定，有时难免有红灯。"

"遇到红灯，你会做什么？"

"停下来等待绿灯。"

"对呀，人生有高峰，也有低谷，有时黄灯，有时红灯，因此你也需要稍停脚步，重新认真思考一下自己的人生。你说对吗？"

这位经理频频点头，柴田看着经理，微笑着对他说："人生到处潜伏着难以察觉无法预料的危机，每一个人总是认为自己会一路顺风。可是，为什么我们常常看到，道路旁堆着一辆辆撞得七零八碎，面目全非的肇事车辆？人生路上危机四伏，绝不能掉以轻心。

"但是请你理解，红灯是上天给我们的人生转折点。我现在为的是一点点微薄的佣金，却耗费如此长的时间跟你讲解。你买保险，我赚到佣金，我感谢你，但是将来理赔的保险金额却是支付给你的家人的，是你家人的福分。

"你投不投保对我没什么关系，但是能否挑选一位有能力的保险营销人员来为你规划晚年生活，可是会影响着你的人生方向，因此，请让我为你规划终身保障。"

柴田和子最后打动了汽车销售经理，为自己和全家投了巨额的保险。

运用层层递进的说服技巧，依赖说服者对人生、世事的透彻领悟和理解。由点及面，层层递进地向被说服者渗透自己的观点和内容，给对方一个接受新观点的心理缓冲过程，进而心悦诚服地接受你的观点。

我们在说服他人时，切忌把大道理满堂灌，这样既无人愿听，也让人无法消化。但采取这种方式说服时，要保证说服过程中的连贯性、系统性，确保能把整个道理衔接贯穿起来。

很多时候，如果你直接提出自己的观点，生硬地想要对方认同，往往会让人产生排斥的情绪，很容易遭到拒绝。而采用由小到大的幅度，层层递进地说服，则很容易为对方接受。

层层递进是一种说服他人的有效方法，但在使用时要注意以下两方面的技巧：

1. 准确掌握对方心理，主动出击

每个人的内心深处或许都隐藏着一扇没有打开的大门，如果多想办法从对方比较容易接受的观点着手，因势利导，层层深入地展开道理论证，那么对方的大门就很可能被打开。

层层递进必须准确掌握对方心理，主动出击，从对方比较容易接受的观点着手，因势利导，层层深入展开论辩。

2. 层次分明，不偏离主题

在使用层层递进法时，要注意"层层"，即一定要循序渐进，不要省略任何环节，不能跳跃式递进。始终针对所谈之事，由小到大，由浅入深，始终向实质性问题这个方向靠近，不可偏离。

总之，说服他人时，实质讲清楚，条理讲清晰，内容讲透彻。只有分清层次、循序渐进，才能便于领会理解和消化吸收，达到说服的目的。

寓理于情，以情感人

核心提示

说服对方最有效的方法其实是"以情感人"，这才是真正的成功。尤其是在说服权势者时，说服的攻势更不能直接展开，而是应该采用情理交融的方式。

理论指导

常言道：动之以情，晓之以理，情不通则理不达。因此，从某种意义上来说，以情为先是进入对方内心世界、产生亲和力的重要因素。只有实现心灵的交流和情感的沟通，才能使对方心悦诚服。

人是有感情的动物，所以在接人待物时，话语中一定要充满着真情实意，这样才会产生语言魅力和感染力，从而取得圆满的实际效果。同样，要想把道理说得清楚，把事办得漂亮，也必须寓理于情。否则，就会事倍功半，背道而驰。

在一家大型酒店，一位外籍经理在检查客房时发现，房间里的各个角落都打扫得干干净净，几乎没有灰尘，床铺也很整齐。当他准备离开客房时却发现了一个严重的问题：茶几上的茶杯方向摆错了。

按照酒店要求，这几个茶杯的正确摆向应该朝向门口，好让客人一进门就看得见酒店的名字，借此传达酒店的品牌形象。但这种摆放方法，让客人无法在第一时间看到茶杯上酒店的名字。

外籍经理非常恼火，他当众批评了服务员的粗心大意，不负责任。而这位服务员虽然自知工作失职，但终因受不了被人当众斥责的尴尬与外方经理当场顶撞起来。她认为这只是一件小事，是经理故意针对她小题大做。结果，双方相持不下，互不相让。

事后外籍经理与中国经理沟通后才恍然大悟，外国人管理讲究制度，中国人讲究人情，他当众指责服务人员的行为难免让服务员感到自尊心受损，下不了台。第二天，外籍经理去找顶撞他的服务人员进行沟通。

当外籍经理在客房里找到服务员时，他发现这位服务员正在整理房间，把茶杯的朝向摆对了。他们相视而笑。外籍经理向服务员道了歉，认为不应该在众人面前挫伤她的自尊心。但是，他又进一步对这位服务员解释，杯子的摆法非讲究不可，因为它关系到酒店的品牌意识。

外籍经理寓理于情的态度让这位服务员分外感动。她从内心深处认识到自己工作的疏忽带来的后果。从此，她格外注意这方面的细节。

当然，外籍经理严格执行酒店的管理制度，讲究规范化、科学化，这都是对的。服务人员工作上的失职在先，才会有外籍经理当众训斥她的一幕发生。但是外籍经理忽略了一个重要事实，即由不同国情所带来的在文化和管理上的差异。所以，外籍经理在说理过程中就事论事、缺乏人情味的工作方式和态度，是导致这次不愉快事件发生的重要原因。

如果在说服他人时能巧妙地运用情感技巧，动之以情，晓之以理，就能征服对方，使他不由自主地成为情感的"俘虏"。以情为先，攻心为上，以自身的情感优势化解对方的顽固，能够收到事半功倍的效果。白居易所说的"动人心者莫先于情"，就是这个道理。

不同的态度与工作方法收到了不同的效果。对他人表现得情真意切，关怀体贴，别人就容易愉快地接受你的观点；冰冷的态度、公事公办的言辞，往往会引起对方的逆反心理。没有心理上的沟通做基础，即使有理，也不一定能使人信服。

小方一向学习优异。父亲因生意失败，欠下很多债，但父亲仍想方设法借钱让其读书。小方很懂事，想不读书了，以帮助父亲减轻压力。他的同学在知道后劝他说："你父亲生意失败，家里困难，这是现实情况。但你父亲在这么困难的情况仍送你来读书，

◇ 如何寓理于情 ◇

她是你妈，你也希望她好好地活下去，对不对？虽然妈现在年纪大了，做手术有危险，但这是唯一能救命的方式……

从对方的角度思考

导致说服不能生效的原因是由于劝说者与被劝说者都固执地踞守在各自的立场之上，不替对方着想。如果换个位置，被劝说者也许就不会拒绝劝说者，劝说和沟通就会容易多了。

老公，咱还是不要把钱都投在股票上吧。你看老王就是全投了，结果全赔了，现在一家子租住在一个小房子里。你也不想咱们一家这样吧……

以事实引路，激发情感

通过摆事实、讲道理，使对方形成正确观点，以此来达到说服的目的。

就是希望你能有出息，将来比他强。依我看，这是你父亲生命中最重要的一笔投资。如果你现在不读了，我相信你父亲一定会很伤心。"小方在听了这番话语之后便很快振作起来，没过多久便成为了年级的佼佼者。

感人心者，莫先乎情。人不仅具有理性，更是情感的动物。

以情动人，是说服的必要前提。人类都是感情的动物，"寓理于情"就是把"理"放到情感中去。在说服的过程中，"理"是核心，如果脱离了"理"，"情"就变成了盲目的情感。只有把"理"贯穿在"情"当中，用"理"统帅"情"，才能收到好的效果。

如果想让说服取得成功，就要做到情与理的密切结合、综合运用和交替转化。如果没有情感的配合，只说些抽象的道理，将缺少震撼人心的力量及共鸣，更难以使人折服，具体可以参考以下两点：

1. 从对方的角度思考

每个人都有自己想问题的观点和角度，有自己特定的意愿和需求。在说服对方接受自己的观点之前，先从对方的角度思考怎样才能让对方更容易接受。把充分了解对方意愿和想法的工作做在说服之前。如果只凭自己个人主观，认为怎样好就怎样做，容易导致说服失败。

2. 以事实引路，激发情感

想要取得良好的说服效果，就要从说服内容和被说服者的思想实际出发。在说服过程中有针对性地引用一些特例，再用真诚的态度讲明个中利害，引起对方情感的共鸣，自然而然地就达到想要的效果。

总之，在说服中，晓之以理是重要的一方面，以情动人则更是一个不可忽略的方面。情与理结合，理借情动人，这就是说服别人最有效的方法之一。

要想提高说服力，就要顺着对方的思路走

核心提示

　　顺着对方的思路走，并不是不允许表达任何个人意见，而是避免自己成为别人眼里不合时宜的人。换而言之，顺着对方的思路走，再逐渐转引到你的目的上，这只是方法，而不是目的，这种一拉一推的方式，温和而避免尖端冲突，有时退一步比咄咄逼人更显得有力。

理论指导

　　在说服别人的时候，不要急着表明自己的立场，先听别人说话，多点头，表示你在专注与附和。先顺着对方的思路引导，让对方觉得你是站在他的立场，征求他的意见，而不是想要改变他的观点，这样他就会放松警惕，顺着你的思路，最终达到你想要的效果。

　　对于无关紧要的事，没必要过于坚持己见，多点头就可以了。在《史记·滑稽列传》有一个"优孟谏楚王葬马"的故事：

　　楚庄王有一匹心爱的马，给它穿华美的衣服，养在富丽堂皇的屋子里，用美味的枣干来喂它。结果这匹马因为喂得太肥，反倒死了。庄王非常痛心，派群臣给马办丧事，要用棺椁盛殓，依照大夫那样的礼仪来葬埋死马。众臣相劝，认为不可以这样做。庄王下令说："有谁再敢以葬马的事来进谏，就处以死刑。"

　　优孟听到此事，走进殿门，仰天大哭。庄王诧异，问其缘故，优孟答道："这是大王您最喜爱的马呀，理应厚葬！堂堂楚国，地大物博，国富民强，什么排场摆不出来呀，而大王只以大夫的丧

礼来葬马，太寒酸了！我看应以国君的葬礼来安葬它。"

庄王问："那该怎么办呢？"

优孟说："应以雕玉为棺，文梓为椁，调动大批士卒修坟，征用大批百姓负土。送葬时，让齐国、赵国的使节在前面陪祭，让韩国、魏国的使节在后面护卫；为它造起祠庙，祀以太牢之礼，奉以万户之邑。这样一来，诸侯各国就都知道大王把马看得很尊贵，把人看得很卑微了。"

庄王一听，突然醒悟过来，深责自己险些铸成大错，遂打消了用大夫之礼葬马的念头。

庄王葬马，是一件很荒谬的事情。但正面规谏，明显无法取得效果，甚至会因此丧命。优孟的聪明之处就在于他没有继续直谏，而是采用顺水推舟的策略，顺着庄王荒谬的思路向前延伸，把楚庄王认为合理的东西做了极端的夸张，让楚庄王本人意识到行为的荒谬，才心悦诚服地弃非从谏。

由此可见，我们在说服别人时，要把说服对象的注意力转移到对方感兴趣的地方去，让对方清楚自己的行为最终可能导致的结果，对方自然而然知道你想要传达的思想，从而达到良好的效果。

顺着对方的思路去接近对方，一定要确定自己的行动目标，把握正确的行动步骤和方法，适时观察对方的反应，迅速地做出调整和应对。唯有如此才能使对方心悦诚服，达到说服的目的。如果你执着地坚持己见，和对方立场相对，把说服演变成争辩，当然会距目标越来越远了。

再看一则战国时代著名的军事家、大谋略家孙膑说服齐威王上山的故事：

一天，齐威王和孙膑来到一座山脚下。

"你能让我自愿走上山顶吗？"齐威王忽然问孙膑。

"陛下，我实在没有能力让您自愿走上山顶。不过，如果你在山顶上的话，我倒是能让您自愿走下来。"孙膑自信地说。

齐威王根本不信，就随孙膑上到了山顶。

"陛下，我已经让您自愿走上山顶了。"孙膑笑着说。

这是一个很典型的案例。这个策略主要是让对方出乎意料、意想不到。齐威王提此要求，意在不论孙膑使用何种手段，坚决不上山。但孙膑却采用先顺着齐威王的意思示弱，居然和他站在同一边。如此一来，孙膑以暂时的妥协退让引齐威王上套，让他在不知不觉中进入自己的预谋，最终成功说服齐威王上山。

所以，与他人交谈时，先不要急着切入正题，应当灵活地使对方在不知不觉当中落入你预先布置好的"陷阱"之中，从而达到自己的说服目的。

想要提高自己的说服力，顺利地说服别人，就要了解对方的想法，站在对方的立场、顺着对方的意思用语言消除对方的抵触心理，再因势利导，进而达到说服的目的。具体可以从以下几点做起：

1. 学会多听

如果在说服中，一味地给别人灌输自己的观点，则犯了说服的大忌。每个人都有发表欲，尤其是在社会上取得一些成就的人士。当对方展开长篇大论时，可先做一个倾听者来满足对方的虚荣心，同时在对方的言语中了解对方的观念。然后顺着他表达的意思，表示赞同和钦佩，同时在适当的时机提出一些问题让对方给予指导。如此一来，对方心情大好，很可能会对你敞开心扉。说服便有了成效。

◇ 如何提高自己的说服力 ◇

学会多听

认真聆听对方的讲话，并适时地做出反应，以理解对方说话的内容、目的和情感，在此基础上，提出自己的意见，更容易让对方接受。

不对被说服对象的观点进行正面否定

每个人对自己的观点和看法都很执着，都很反感被否定，因此你要先认可对方的想法，让对方把你当作自己人，这样你接下来的说服才更有发挥空间。

借势引导

注意发现和挖掘事件本身所表现出来的积极意义，然后顺势把对方引向正路，或逆势把对方拉回正轨。

2. 不对被说服对象的观点进行正面否定

当你和说服对象在交谈过程中，无论他的观点你多么无法认同，也不要正面否定。因为，一个人的思维不会因别人的抗拒而轻易改变。同时，你正面的否定会让对方下不了台面，甚至会因此和你起冲突。最终导致结果背道而驰。

3. 借势引导

这是说服过程中最关键的一步，如果你顺着对方的思路已经达到让对方满足的目的，此时，把你的意思顺势巧妙地表达出来，不要引起对方的抗拒和不快。这个"巧妙的表达"就是引导。也就是说，在整个说服过程，一定要时时把握住"引导"的方向不变，才能达到你想要的效果。

总之，要想提高自己的说服力，就要学会因人因事制宜，用对方最容易接受的方式，在最恰当的时机说。

说服别人，一定要耐心

核心提示

即使一开始时，无法说服别人，也不要犯急躁的毛病。

理论指导

俗话说，"心急吃不了热豆腐"。在说服过程中，如果你的观点是对的，人家听了你说服的内容，立刻点头叫好，改弦易辙，并称赞你"一语惊醒梦中人"，这自然是最妙不过的。

不过，每个人对事物的看法并不是一天形成的。有时候，要对方同意你的观点，也并非轻易之事。

因此，在说服他人之前，你要有长期做说服工作的心理准备。对于"成见"这座大山，今天挖一个角，明天铲一块土，逐步解析你的观点，日积月累，双方就会达成某种共识。

某科技公司董事长仝先生，想说服龚先生购买他们公司新发明的阳画感光纸，但业内一直传说龚先生对这类新技术、新发明一向不感兴趣。

在一次拜访中，仝先生客气而耐心地向龚先生解说阳画感光纸，在交谈中细心观察龚先生的反应。

一次、两次……六次、七次，仝先生一再拜访。有一天，龚先生不耐烦了，大喊："我说不行就是不行，要讲几次你才了解。"

他生气了，证明他已经开始在意你的行为了，事情似乎有了转机。仝先生认为："既然你已经生气了，让你情绪稳定下来就太可惜了。"于是，仝先生第二天清晨又去了。

"昨天跟你讲过，怎么你又来啦！"

"哦，昨天很难得挨骂，所以我又来了。"仝先生微笑着回答，"今天只是为了和你道个歉，打扰你了，再见！"龚先生一下子呆住了，而仝先生认为他已经有了反应，达到了一定效果，所以暂时应以退为进。

第三天一早他又去了，再次接触时，龚先生终于提出让仝先生再细致地讲述一遍阳画感光纸的特点和先进性。

最终的结果不言而喻，在仝先生耐心的说服下，龚先生接受了他们公司的新产品。

从这个故事可以看出，看似很难成功的说服，在耐心坚持下，还是会有转机的。所谓"贵在坚持"，如果仝先生没有一而再再而三地拜访，事情肯定就是另一种结果了。

◇ 如何做到有耐心地逐步说服对方 ◇

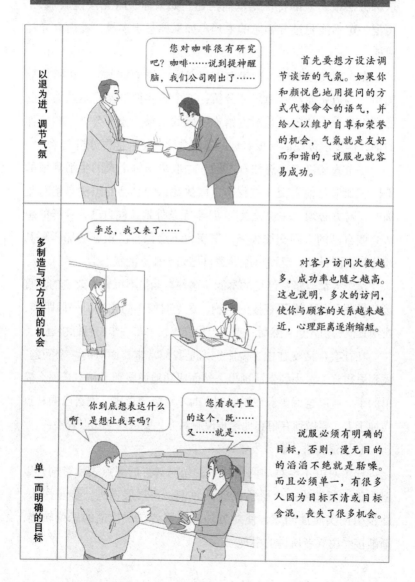

以退为进，调节气氛	您对咖啡很有研究吧？咖啡……说到提神醒脑，我们公司刚出了……	首先要想方设法调节谈话的气氛。如果你和颜悦色地用提问的方式代替命令的语气，并给人以维护自尊和荣誉的机会，气氛就是友好而和谐的，说服也就容易成功。
多制造与对方见面的机会	李总，我又来了……	对客户访问次数越多，成功率也随之越高。这也说明，多次的访问，使你与顾客的关系越来越近，心理距离逐渐缩短。
单一而明确的目标	你到底想表达什么啊，是想让我买吗？ 您看我手里的这个，既……又……就是……	说服必须有明确的目标，否则，漫无目的的滔滔不绝就是聒噪。而且必须单一，有很多人因为目标不清或目标含混，丧失了很多机会。

说服是一种通过直接接触并交换意见，从而改变态度的方式，这种方法最明显的特征是双向沟通。如果你一时无法说服别人，切记一定不能犯过分心急的毛病。如果你急于求成，反而会弄巧成拙。

在说服的过程中，如果对方比较精于逻辑思考，一边听你的理由，一边还能冷静地思考分析，这个时候你不能只是认为自己的理由充分，就急于让对方给你明确的结果。他不会立刻相信你的话，但要求你说话有根有据，条理分明，然后他再分析思考。

每个人的观点、想法都不同，这取决于每个人的生活环境的不同。如果与他人交往过程中，固执地认为自己的想法是绝对正确的，对方必须"一说就服"，甚至无条件地认同自己，这样的想法会使自己的人际交往失衡，事实也不会像自己预见的那样顺利地达到说服目的，反而可能导致自己陷于孤立的状态。

每个人都有坚持己见的本能，这种本能是不可轻易改变的。直接的说服往往会遭到直接的拒绝，这个时候不妨先退出一段距离，找到其他的切入点，然后一点一点地介入，一步一步向目标接近。

在社会生活交往中，说服别人是我们常常要面对的一个问题，大到思想观念，小到生活琐事。然而成功地说服别人并不是那么简单的事。所以这就要求在说服别人时不可急于求成，把自己的观点强加于人。要做到有耐心地逐步说服对方，要从以下几点着手：

1. 以退为进，调节气氛

先由对方不经意的问题切入，先对对方的观点表示赞同，以退为进，制造出一个融洽的谈话氛围，再层层递进，步步深入，逐步引向实质性问题，使对方随从说服者层层推论的思维轨迹，渐渐接受说服者所讲的事理。

2.多制造与对方见面的机会

要说服一个人，就要做好长期说服的心理准备。与对方会面时，谈话的内容不要给对方造成负担，以免使对方生反感，留有再见面的余地。为了达到这一目的，切忌在谈话一开始就直接涉及说服主题，最好先轻松地谈谈其他话题。值得注意的是：自始至终，都应该保持温和的态度，必要时可以顺从对方。

3.单一而明确的目标

在说服过程中必须保持单一而明确的目标，如果目标不清或目标含混，你的说服就显得漫无目的，所有的交谈就达不到想要的效果，甚至会发生"言多必失"的情况。例如，推销员在推销商品时，仅仅一味滔滔不绝地说一大堆顾客根本不想听的话，往往只会引起反感。

所以，明确自己的说服目标能为自己的努力决定方向，如果你的想法、措辞不能够达到你想要的效果，就从重新来过，再组织新语言。如果明确地知道自己的目标所在，就要坚持到底，坚持到最后时刻，不放弃。很多人都因为没有足够的耐心而丧失了很多机会。

总之，说服的过程是说服者对被说服者攻心的过程，也是被说服者心理渐变的过程。只要你有足够的耐心，就能取得理想的说服效果。

先抬高对方，再进行说服

核心提示

抬高别人区别于阿谀奉承、讨好卖乖之类的庸俗言行，它必须是针对对方的实际，把好话说圆，给人以真诚感，令对方心悦诚服。因此，它是人际交往中一种常用的说服技巧，如果运用得当，对促进人际交往会有意想不到的效果。

理论指导

人人都希望被尊重，被夸赞。要想改变一个人某方面的缺点，你要表示出他已经具有这方面的优点了，那么他就会顺着这个观点往好的结果行事。如果你想说服一个人改变自己的想法，就应先肯定对方想法，给对方一些赞扬，此后他会格外珍惜这份肯定，从而会不断激励自己要做得更好。

有位太太想聘用一位家政，便打电话给那位家政的前任雇主，询问了一些关于她以前的情况，可得到的评语却是贬多于褒。等到家政报到的那一天，那位太太说："我打电话问了你的前任雇主，她说你为人老实可靠，而且还煮得一手好菜，唯一的缺点就是理家比较外行，家里弄得不太干净。我想她的话并不能完全相信。看你穿戴那么整洁，人人都可以看得出你一定会把家弄得和你一样整洁、干净，并照顾得井井有条。相信你同我也能相处得很好。"

事实证明，她们相处得的确很好，家政真的把家整理得干干净净，整整齐齐，而且还非常吃苦耐劳。

你若要在某方面去改变一个人，就把他看成他已经有了这种杰出的特质。莎士比亚曾说："假如他没有一种德行，就假装他有吧！"

给他们一个好的名声来作为努力的方向，他们就会不计前嫌，努力向上，而不愿看到你的希望破灭。

抬高别人区别于阿谀奉承、讨好卖乖之类的庸俗言行，它必须是针对对方的实际，把好话说圆，给人以真诚感，令对方心悦诚服。

因此，抬高别人是人际交往中一种常用的说服技巧。如果运用得当，它对促进人际交往会有意想不到的效果。

而对于那些地位显赫、有权有势的人，想要成功说服他，更要学会先抬高后说服的策略。

古代，有位宰相请理发师给他修面。那理发师修面修到一半时，忽然停下刮刀，两眼直愣愣地看着宰相的肚皮。

宰相见理发师傻乎乎发愣的样子，心里很纳闷：这平平板板的肚皮有什么好看的呢？就问道："你不修面，却看我肚皮，这是为什么呢？"

"听人们说，宰相肚里能撑船，我方才看了看，大人您的肚皮并不大，怎么可以撑船呢？"

宰相一听，哈哈大笑。

"那是比喻，讲宰相的度量十分大，能容天容地容古今，对鸡毛蒜皮的小事从不斤斤计较。"

理发师一听这话，心里的一块石头终于落了地，这才"扑通"一声跪倒在地，哭着说："小人该死，方才修面时不小心，将大人您的眉毛刮掉了，万望大人大德大量，恕小的无罪！"

宰相听说自己的眉毛被刮了，不禁怒从心起，正想发作，转念一想：刚才自己还讲宰相的度量很大，我又怎好为这小事给他治罪呢？于是，只好说："不妨，用眉笔把眉添上就行了。"

聪明的理发师以曲折迂回之法，层层诱导宰相进入自己早已设定的能进难退的"布袋"中，避免了一场驾临头上的灾难。

抬高对方可以从很多方面入手：比如对别人随手涂鸦胡乱题词，称之为"稀世墨宝"；本是信口开河胡诌几句，赞美其是金科

◇ 抬高别人的注意事项 ◇

女士，您的眼光真是太好了，这件衣服简直就是为您量身定做的……

骗人！

抬高对方，要结合对方的实际

抬高要具体、要实在，不宜过分地夸张，要有的放矢。

女士，您觉得这个基金怎么样……噢，这样啊，那我说一下我的意见，您参考一下……

尊重对方也是一种抬高

要在态度上尊重对方。多用征求意见的语气。很少有人愿意被命令去做事，命令意味着在你的眼中，他们不重要，比你低一等。

李总，听说您儿子最近升职了，真是年轻有为，这都是您教导有方呀……来，祝贺您！

满足对方的成就感

每个人都有他的优点，都有他得意的事，把这些事提出来，并由衷地表达赞美，能使许多冲突与紧张得以缓解。只要你随时随地遵循这条原则，就会为你带来意想不到的效果。

玉律至理名言；本是五音不全吼儿嗓子，夸其为"余音绕梁三日不绝"……这些都会给对方带来愉悦感和心理暗示，并不遗余力地为此做出努力。

被人抬高的感觉，能让自己心情愉快舒爽。所以，在说服别人的过程中，最好能抓住对方引以为豪的长处加以赞赏，必然会因此得到他的好感。要说服他，或者请他帮忙也就不再是困难了。

要说服一个人，最好先把他抬高，给他一个超乎事实的美名，就像用"灰姑娘"故事里的仙女棒，点在她身上，会使她从头至脚焕然一新一样。因为给予他人一个美名，有时胜过长篇大论。

抬高别人，就是对别人的能力和品格进行美化，这是说服别人必备的细节。如果要发自内心地真诚赞扬，那就要求自己要善于体察人心，能了解对方最迫切的需求，有针对性地进行抬高和夸赞，那么对方也会礼尚往来地善待你。如果掌握不好，就会弄巧成拙。具体可以参考以下几点：

1. 抬高对方，要结合对方的实际

适当地抬高对方自然有好处，但不能信口开河，肆意吹捧，要结合对方的实际，因人而异。

比如：对于经商的人，你说他道德好，清廉自守，一身正气，这明显很不合适，有明显的讨好之嫌，可能会招致对方的厌恶。如果你用经营有方、人际广泛来抬高他，他一定乐于接受。

2. 尊重对方也是一种抬高

只要是正常人都会有自尊心。要是希望对方心甘情愿地认同你，接受你的观点，首先就应该处处重视对方的自尊心。在整个说服过程中，要尊重对方的想法，即使它存在不足，也要在言语中表示足够的尊重，而不能刻薄地直指其中的错误。只有你尊重别人时，别人才会以同样的态度对待你。有时甚至要抑制自己的好胜心，借以成全对方的好胜心。

3. 满足对方的成就感

即使对方可能没有什么值得拿出来炫耀的事情，也要对他这个人本身表示肯定。在交谈中用赞许的口吻，选取对方认为最欣慰和自豪的人和事，大加赞赏。假使连这些也找不到的话，就不妨结合对方的特点假设一个优点加在对方身上。

比如："你眼睛真好看，跟某电影明星一样""你笑起来真亲切，像我的家人一样。"等来成全对方的成就感，对方就真的会认为自己的眼睛像明星的一样或他就像你的家人。因此，对方就不会对你产生抗拒，从而达到自己说服的目的。

第六章

会聊天并不是要满足所有人

——委婉拒绝，不伤情面

记住，拒绝是你的权力

核心提示

如果面对别人的不合理要求，明明知道自己做不到，却又违心地答应，这样的结果只能既造成了对方的困扰，又失去了别人对你的信任。所以，说"不"没什么开不了口的，只要站得住立场且对自己有益，就请勇敢地向别人说"不"吧。

理论指导

对于大多数人来说，说"不"是一件十分棘手的事。配偶、朋友、孩子、老板、同事总有可能向你提出一些要求或请你帮忙。但是如果有些事情超出了你的能力范围，而你却碍于脸面，硬着头皮答应了下来，最终为难的却是你。其实，你完全有权利对别人说"不"。

拒绝别人不是一件什么罪大恶极的事情，也不要把说"不"当成是要与人决裂。是否把"不"说出口，应该是在衡量了自己的能力之后，做出的明确回应。虽然说"不"难免会让对方生气，但与其答应了对方却做不到，还不如表明自己拒绝的原因，相信对方也会体谅你的立场。

雪莉·茜是好莱坞第一位主持一家大制片公司的女士，她在

◇ 如何把"不"字说出口 ◇

问清目的
　　当别人提出要求时，一定要问清楚什么目的、自己能不能办。如果对方要求超出了自己的能力范围，一定要毫不犹豫地拒绝。

你有什么事情吗……这件事情超过了我的能力范围，我无能为力，不好意思啊。

问清要求
　　当别人提出要求时，一定要问清楚是什么事。一旦对方的要求涉及违法乱纪，一定要坚决予以拒绝。

公车

接受指责
　　遭到拒绝后，对方心情肯定不会好，他必然会对你加以指责，对此，你可以表示理解，接受指责，同时可以向他解释，以此来消除对方的怨气。

我都这么求你了，你连这点小事都不肯帮我……

我实在是能力有限……

30 岁就当上了著名电影公司董事长。为什么她有如此能耐呢？主要原因是，她言出必践，办事果断，懂得拒绝。

好莱坞经理人欧文·保罗·拉札谈到雪莉时，认为与她一起工作过的人，都非常地敬佩她。欧文说，每当她请雪莉看一个电影脚本时，她总是立即就看，很快就给答复。不像其他的一些领导，如果给他看个脚本，即便不喜欢，也不表明态度，根本就不回话，而让你傻等。但是雪莉看了给她送去的脚本，都会有一个明确的回答，即使是她说"不"的时候，也还是把你当成朋友来对待。这么多年以来，好莱坞作家最喜欢的人就是她。

通常情况下，如果是遇到一些不好办的事情，很多人总是以沉默来回答，事实上这种不明朗的拖延并不好，让对方感觉不到诚意。其实学会委婉的拒绝同样可以赢得周围人对你的尊敬。

如果面对别人的不合理要求，明明知道自己做不到，却又违心地答应，这样的结果只能既造成对方的困扰，又失去别人对你的信任。所以，说"不"没什么开不了口的，只要站得住立场且对自己有益，就请勇敢地向别人和自己说"不"吧。

当然，当你对别人说不时，切记不要咬牙切齿、绷着一张脸，而应该带着友善的表情来说"不"，才不会伤了彼此的和气。你不妨用下面的方式把"不"字说出口：

（1）问清目的。假如朋友的要求，你认为超越了正常范围，就应毫不犹豫地拒绝他。

（2）对于那些违法乱纪的事情，应持坚决的态度来拒绝。

（3）说"不"时语气要委婉。

（4）态度要坚决。否则，你仍难脱干系，说不定他还会来找你，让你想办法。

（5）接受指责。遭到你的拒绝，要求不能达到，对方有时会对你加以指责。对此，你不妨报之一笑，承认自己能力有限，做不到他要求的事。

先发制人，堵住对方的嘴

核心提示

对于有经验的人来说，在知道别人将要说一些对自己不利的话，或让你办一些你不想办的事情时，不妨抢先开口，从其他不相关的话题开始，坚决不给对方提出请求的机会，利用这种明确的暗示，让对方识趣地把要求堵在嘴里，从而达到拒绝的目的。

理论指导

当别人向你提出邀请或其他请求时，总是希望能够被顺利接受。一旦话说出来，你再直接拒绝，会使对方误解你"不给面子"，因而对你产生不满的情绪。

面对这一情形，以守为攻、先发制人是拒绝别人的一个上策。在对方尚未张口前已猜到对方的意思时，你先表达自己在这方面有所不便，以堵住对方之口。因为对方并未明说他的意愿，所以这种拒绝不至双方难堪或尴尬。

请看下面一则事例：

小张负责某项目的招投标工作，小张的一位朋友来到小张家，这位朋友正有意参加相关工程投标。

小张明知其意，于是灵机一动，在朋友刚一进家门还来不及开口时，就立刻说："你看，你好不容易来玩一玩，我都没有空陪你，最近实在太忙了，连吃饭的时间都抽不出。"对方一听这话，赶紧搪塞几句，再也不好意思开口相请。

由此看来，运用先发制人这一招，重在掌握"先"机，自己已经深知对方将要说的话或事情，就应抢先开口，把对方的意思提前封锁在开口之前。这样就能牢牢掌握在与人交际中的主动权，达到巧妙拒绝对方的目的。

再比如接到一个经常找你帮忙的朋友的电话，如果他一开口便问你："最近忙不忙？"如果此时回答"不忙"或"还好"，那么他的下一句自然就会转到正题上来。于是此时你可以这样回答："忙啊！最近忙得连休息的时间都没有了，每天加班到凌晨，快累垮了。"

听你这么一说，对方自然清楚你是帮不上忙了。而且因为你采取的是提前声明的方法，所以根本不存在拒绝一说，对自己、对对方来说，都不会存在面子过不去的问题。

总之，当你无法满足别人的请求，而又不能或无须找任何借口时，就用"先发制人"的方式，堵住对方说出请你帮忙的话，这样一来，你也就不用为如何拒绝而苦恼了。

借用别人的意思巧妙说"不"

核心提示

有的时候，你根本不用绞尽脑汁去想那些拐弯抹角的拒绝方式，就能把"不"字直接说出口，并且切断所有后路，让对方无法采取别的方式再对你进攻。不过，在这里你要借用"别人的意思"。

理论指导

有的时候，你根本不用绞尽脑汁去想那些拐弯抹角的拒绝方式，就能把"不"字直接说出口，并且切断所有后路，让对方无法采取别的方式再对你进攻。不过，在这里你要借用"别人的意思"。

某造纸厂的推销员小赵到一个大学推销纸张，推销员找到他熟悉的这个大学的总务处长，恳求他订货。总务处长彬彬有礼地说："实在对不起，我们学校已同某国营造纸厂签了长期购买合同，学校规定不再向其他任何单位购买纸张了，我也要按照规定办。"

这里的"拒绝"表面看来并不是总务处长的意思，因为他把责任已经全部推到"学校"那里，学校的规定，谁也无法反抗，事情就这么简单。借别人的意思表示拒绝。这种方法看似推卸责任，却很容易被人理解：既然爱莫能助，也就不便勉强。

如果有人求你办事，假如你是领导成员之一，你可以说："这件事我一人说了不算，毕竟我们单位是集体领导，像刚才的事，需要大家讨论才能决定。但是这件事恐怕很难通过，最好还是别抱什么希望，如果你实在要坚持的话，也要等大家讨论后再说。"这样一来，就把矛盾引向了另外的地方，意思是说，不是我不想给你办，而是我决定不了。请托者听到这样的话，一般都会明白。

一个年轻的业务员经常与客户在酒桌上打交道，长此以往，他觉得自己的身体每况愈下，实在不能再像以前那样喝太多酒了。可应酬中又免不了要喝酒，怎么办呢？后来他想到一个办法。每当客户劝他多喝点的时候，他便笑着说："诸位可能不知道，我家里那位可是一个母老虎，我这么酒气熏天地回去，万一她河东狮吼起来，我还不得跪搓衣板啊？"

业务员这么一说，客户觉得他既诚恳又可爱，自然就不再多

◇ 搬出"后台老板"替你说"不" ◇

我们总是想方设法避免将"不"字说出口，取而代之的是许多费尽心机想出来的婉言曲说的方式。其实很多时候也不用这么复杂，你只需要抬出一个"后台老板"，便可以轻松说出"不"了。

我们两家搞联营，你看怎么样？

这个设想很不错，可是厂长已经决定跟先前一家厂搞联营了，这个我也没有办法。

让对方觉得拒绝不是你的意思，将问题归结到"后台老板"那里，所以谁也改变不了，事情就变得简单了。

快点收拾一下，去酒吧喝酒！

不好意思啊，家里那位管得严，不让晚上出去喝酒！

每个人在必要时都可以抬出甚至虚构出一个"后台老板"，把自己的意愿通过这位"后台老板"表达出来，适当放低自己的位置，便能直言拒绝。

劝了。

借用别人的意思拒绝，你也可以虚构一个"后台领导"，把自己的意愿都归到他身上，适当地弱化自己的地位，表现出一种对决策的无权控制，从而全身而退，拒绝的效果立竿见影，对方也无法进一步提要求。

需要提醒的是，利用别人的意思来拒绝也要注意使用方式。最好对方不认识你说的这个人，你借用的这个人跟你的关系又很密切，这样才能把拒绝做好。

因此，借用别人的意思拒绝时，最好是用来拒绝陌生人或者不是很熟悉的人，比如某个推销员或者刚认识的一个还不清楚底细的朋友。但如果是很熟悉的朋友你也借别人的嘴巴来拒绝，让朋友知道了，会觉得你不够真诚，从而对你的形象大打折扣。

在拒绝他人之前，先为自己想好借口

核心提示

在社会交往中，谁都避免不了拒绝他人，但是我们应该怎样做，既可以成功拒绝对方，又可以避免双方的尴尬呢？找一个合理的借口很重要。

理论指导

拒绝容易引起对方的不快，但是对于别人对我们提出的要求，有时我们必须加以拒绝。那么，怎样才能把这种因拒绝而可能引起的不快控制在最低限度之内呢？这就需要我们在拒绝别人的时候，先为自己想好借口，既能为自己开脱，也不会让别人难堪。

正阳在一家电器商场工作。这天，他的一位朋友过来买电视机。可是，朋友看遍了店里摆放的所有样品，也没有找到让自己满意的型号。最后，朋友要求正阳带他到仓库里去找找看。正阳面对朋友，当然说不出拒绝的话，这个"不"字无论如何也出不了口。

于是，他笑着朋友说："真是不巧，临近年关，仓库管理非常严格，前几天我们经理刚宣布过，除了仓库管理人员，其他人一律不准进仓库，包括我们这些销售员。"朋友一听，也不好意思再说什么了。

在这个故事里，正阳以经理的宣布为借口而达到了拒绝的目的，尽管他的朋友心中不高兴，但毕竟比直接听到"不行"的回答要好多了。

拒绝是每个人生活中所无法避免的，但如果拒绝不采用合适的方法或相应的技巧，就可能会给对方造成伤害，甚至引发怨恨和不满，最终导致人际关系破裂，让自己陷入被动的麻烦境地中。就算没有闹到很严重的地步，也可能因拒绝而使对方不愉快，长时间耿耿于怀，难以忘记。

其实，你在拒绝他人之前，可以找一个适当的借口。这样既可以成功拒绝对方，又可以避免双方的尴尬。一般来说，你可以通过以下借口来拒绝他人。

1. 用制度借口来拒绝

一位普通员工鼓起勇气走进经理办公室说："对不起，我想您该给我涨工资了……"经理回答道："你确实应该涨工资了，可是……"经理指着玻璃板下的一张印刷卡不慌不忙地说，"根据本公司职务工资制度，你的工资已经是你这一档中最高的了。"

员工听完就泄气了，说："哎，我忘记我的工资级别了！"于是就退了出来，几条打印出的制度使他放弃了自己本想争取的东西。

2. 用开玩笑的方式来拒绝

用开玩笑的方式来拒绝对方，通常既能达到目的，又不至于让

◇ 拒绝他人的借口 ◇

不行，根据公司的请假规定，员工请假最多不能超过 10 天，所以……

李总，你看我请长假的事儿……

用制度借口来拒绝

制度是每个人都必须要遵守的，用制度来拒绝，可以减少很多不必要的纠缠。

亲爱的，给我买个苹果（手机）吧……

好啊，明天去给你买上几斤……哈哈……

用开玩笑的方式来拒绝

用开玩笑的方式，既可以委婉地表现自己的拒绝，使场面不至于太尴尬，还能够减轻对方被拒绝的郁闷，保持良好的关系。

下次吧，我马上就要去开会了。

李总，我想找您谈谈……

用"改天"或"下次"来拒绝

最忙的一天是"改天"，最远的一次是"下次"，所以，对方一听就知道你在拒绝。这种方法比直接拒绝更委婉。

双方感到尴尬，是一种很好的拒绝技巧。比如，你若是个女孩子，男朋友邀请你"上门"，你觉得时机尚未成熟，不可盲目造访，这时你不妨问："到你那儿有什么好吃的吗？"你的男友会列出几样东西来，于是你接着说："没好吃的，我不去。"这是巧妙的玩笑，不仅拒绝了对方的请求，还可避免回答"为何不去"，真可谓一箭双雕。

3. 拒绝于感叹之中

一个女孩子过生日，男朋友送她一套衣服，但女孩子不喜欢。当男朋友问："喜欢吗？"女孩子若直截了当地回答："不喜欢，土里土气的，像什么样！"男朋友一定会觉得很伤心。如果女孩子说："要是素雅些就更好了，我比较喜欢浅色的！"意思是说你买的也不错，不过如果素雅些就更好了。

4. 用商量的口气拒绝

也许你的恋人希望你们一同参加某个朋友的聚会，可你觉得目前不便或不妥，这时你不妨用商量的口气说："我现在没时间，以后行吗？"自然，恋人此时的邀请有着特殊的意义，等到以后还有什么意思呢？可你如果找到这样的借口，对方也就不好再勉强了。

5. 用"改天"或"下次"来拒绝

用"改天"或"下次"来拒绝，聪明人一听就知道这是在委婉地拒绝，但这比直接说"我没空，不能去"更容易让对方接受。

比如，你若不想参加某个约会，可以礼貌地对对方说："谢谢，下次我有空一定去。"若有人想找你谈话，你又不想与他谈，你不妨看看表，告诉他："对不起，我还要参加个会，改天行吗？"表面上，你并没有拒绝别人，只是改个日期，但这个"下次"却是没有具体时间限制的。

用故意错答拒绝陌生人的无理要求

核心提示

错答的主要特点是不正面回答问话，也不唇齿相讥，而是用话岔开对方所问的问题，做出与问话意思错位的回答。

理论指导

错答是一种机警的口语表达技巧，既可用于严肃的口语交际场合，也可用于风趣的日常口语交际场合。

有一位美丽的姑娘独自坐在酒吧里。从来她的穿着来看，她来自一个富裕的家庭。这位姑娘在等一个好朋友。在没有见到朋友之前，她只想静静地一个人待着，可是一个又一个的男人前来与她搭讪。这位姑娘实在不想被打扰，但朋友还是没到。这时，又有一位青年男子走过来殷勤地问道："这儿有人坐吗？"

"你说到哪个酒店去？我没听清楚。"姑娘大声说。

"不，不，你弄错了。我只是问这儿有其他人坐吗？"

"今夜就去？"姑娘尖声叫着，比刚才更激动。

这位青年男子被她弄得狼狈极了，赶紧到另一张桌子去了。许多顾客愤慨而轻蔑地看着他。

这就是很典型的错答，是用来排斥对方和躲闪的交际手段。当别人想邀请你做一件你不想做的事，你可以采取答非所问的方式，巧妙地暗示对方，你对他的邀请不感兴趣，他就会知难而退。

大致说来，运用答非所问的语言技巧时，需要注意以下几点：

（1）要注意对象和场合；

（2）使对方明白既是回答又不是回答，潜在语是不欢迎对方的问话；

（3）有时要利用问话的含混意思，答案虽模棱两可，似是而非，但对方也无法责怪。

巧妙踢"回旋球"

核心提示

拒绝不一定非要表明自己的意思，许多时候，利用对方的话来拒绝他，是更聪明的选择。只要合理地从对方的话语里引出一个合乎逻辑的相同问题，巧踢"回旋球"，让对方"哑巴吃黄连——有苦说不出"。

理论指导

当对方的问题很难回答，问的角度很刁，你回答肯定、否定都可能出错时，那就不要回答，把问题再还给对方，从哪个地方踢来的球，再踢回到哪儿，将对方一军。这是谈话中可运用的一个很普遍、很实用的技巧。

有时候，回绝他人不一定非要表明自己的意思，如果能利用对方的话来拒绝他，是更聪明的选择。只要合理地从对方的话语里引出一个合乎逻辑的相同问题，巧踢"回旋球"，让对方"哑巴吃黄连——有苦说不出"。

军阀吴佩孚的势力日渐强大，成为权倾一方的实力人物。

一天，他的一位同乡来投靠他，想托他找个差事。吴佩孚知道那位同乡才能平平，但碍于情面，还是给他安排了一个上校副官的闲职。

不久，那位同乡嫌官微职小，再次请求想当个县长，要求派往河南。吴佩孚听了，便在他的申请书上批了"豫民何辜"四个大字，断绝了他的念头。

谁知过了一段时间，那人又请求调任旅长，并在申请书上说："我愿率一旅之师，讨平两广，将来班师凯旋，一定解甲归田，以种树自娱。"看到同乡的要求，吴佩孚简直又好气又好笑，于是提笔批了"先种树再说"五个大字。

面对同乡的无理要求，吴佩孚用对方的言语"将来班师凯旋，一定解甲归田，以种树自娱"为借口，批示让同乡先种树再说而拒绝了他。

也许有很多人会有这样的想法，难道我们在现实生活中非要拒绝别人不可吗？我们在拒绝他人时都要采用这些委婉的方法吗？其实，在现实生活中，关于拒绝他人，我们还要注意以下问题：

（1）在日常生活中，我们应该真诚地对待朋友和同学，积极地帮助他们。每个人都应该明白一个简单的道理"平时帮人，拒人才不难"，这种方法主要应用于那些的确违背我们意愿的事情。

（2）如果是由于自己能力或客观原因，我们应该坦诚相对，说明自己的实际情况，同时要积极帮对方想办法。

（3）对于某些情况，直接说"不"的效果更好，特别是对于那些违法乱纪的事情，应持坚决的态度来拒绝。对于那些可能引起误解的事情，也应该明确自己的态度，否则会"当断不断，反受其乱"。此外，由于拒绝不明可能会影响对方，也影响事情的发展方向，也应该直截了当地拒绝它。

（4）即使我们掌握了一些比较好的方法，在一般的拒绝中，我们也应该语气委婉，最好还能面带微笑，这样既达到了自己拒绝他人的目的，又消除了由于拒绝给对方带来的不快。

怎样拒绝领导不会让其生气

核心提示

当领导提出一件让你难以做到的事时，如果你直言答复做不到时，可能会有损领导颜面，这时不妨说出一件与此类似的事情，让领导自觉问题的难度而自动放弃这个要求。

理论指导

在生活中，常常会被领导安排做一些事情，但有些事情你无法胜任或不合常理，这时你不得不拒绝领导，但又怕直接回绝令领导生气，给自己的职场前途带来障碍。此时，你应该怎么办呢？

当然，拒绝领导是要讲究方法的。如果你能采取一些巧妙而又行之有效的拒绝方法，领导就会谅解你。

1. 设法尽"全力"迫使领导自动放弃

当领导提出某种要求而你又无法满足时，设法造成你已尽全力的错觉，让领导自动放弃自己的要求，也是一种好方法。

比如，当领导提出无法满足的要求后，你可以先答复："您的意见我懂了，请放心，我保证全力以赴去做。"过几天，你及时主动向领导汇报："这几天王经理因有急事出差，等下星期回来我再去找他。"

又过几天，再告诉领导："您的要求我已转告王经理了，他答应在公司董事会上认真讨论。"尽管事情最后不了了之,但你也会给领导留下好印象,因为你已尽力而为,领导也就不会怪罪于你了。

一般情况下,人们总是念念不忘自己提出的要求,但如果长时间得不到回音,就会认为对方不重视自己的问题,反感、不满由此而生。所以即使不能满足领导的要求,只要能做出些样子,对方就不会抱怨,甚至会对你心存感激,主动撤回已让你为难的要求。

2. 向领导提出一个类似的难题

当领导提出一件让你难以做到的事时,如果你直言答复做不到,可能会有损领导颜面,这时你不妨说出一件与此类似的事情,让领导自觉问题的难度而自动放弃这个要求。

甘罗的爷爷是秦朝的宰相。有一天,甘罗见爷爷在花园走来走去,不停地唉声叹气。

"爷爷,您碰到什么难事了?"甘罗问。

"唉,孩子呀,皇帝不知听了谁的教唆,硬要吃公鸡下的蛋,命令满朝文武想法去找,要是三天内找不到,大家都得受罚。"

"皇帝太不讲理了。"甘罗气呼呼地说。后来他眼睛一眨,想了个主意,说:"爷爷您别急,我有办法,明天我替你上朝好了。"

第二天早上,甘罗真的替爷爷上朝了。他不慌不忙地走进宫殿,向秦王施礼。

皇帝很不高兴,说:"小娃娃到这里捣什么乱!你爷爷呢?"

甘罗说:"大王,我爷爷今天来不了啦。他正在家生孩子呢,托我替他上朝来了。"

皇帝听了哈哈大笑:"你这孩子,怎么胡言乱语!男人家哪能生孩子?"

甘罗说:"既然大王知道男人不能生孩子,那公鸡怎么能下

◇ 拒绝领导必须把握的要点 ◇

　　拒绝领导的要求不是一件容易的事。然而，若你知道一些拒绝领导的技巧，就能既不得罪领导，又可以表明拒绝之意。

要有充分的拒绝理由

　　首先设身处地，表明自己对这项工作的重视；然后再表明自己的遗憾，具体说明自己为什么不能接受。

好的，经理。

你纵使有一百个理由，也必须先处理这个文件！

不可一味地拒绝

　　否则上司可能会以为你是在推脱，从而怀疑你的工作干劲和能力，以致失去对你的信任，使你与机会失之交臂。

过两天，等我手头的工作告一段落就开始做，您看怎么样？

这份文件你没有时间看，怎么办？

提出合理的替代方案

　　对上司所交代的事，你不能接受，又无法拒绝，这时，你可以与上司共商对策，这样既能赢得上司的理解和信任，也会为你以后的工作铺开一条平坦的大道。

蛋呢？"

甘罗的爷爷作为秦朝的宰相，面对皇帝的无理请求，却又找不到合适的办法拒绝。甘罗作为一个孩童，却能如此得体地用类似的难题拒绝皇帝，并让皇帝不得不放弃自己的无理请求。

3. 依靠群体替你拒绝

领导要求你做某一件事时，其实你很想拒绝，可是又说不出口，这时候，你不妨拜托其他两位同事和你一起到领导那里去，这并非所谓的三人战术，而是依据群体替你做掩护来说"不"。

你们可以先商量好谁是赞成的那一方，谁是反对的那一方，然后在领导面前争论。等到争论一会儿后，你再出面委婉地说"原来如此，那可能太牵强了"，而转向反对的那一方。这样一来，你可以不必直接向领导说"不"，就能表明自己的态度。

这种方法会给领导"你们是经过激烈讨论后，绞尽脑汁才下的结论"的印象，而所有的人都不会有哪一方受到伤害的感觉，从而领导会很自然地自动放弃对你的要求或命令。

4. 思考后再决定

领导要求你做事时，你要认真思考：这件事自己能否胜任？是否违背自己的良心？然后再做决定。如果只是为了一时的面子，把无法做到的事答应下来，那就是"心太软"。即使这位领导平时很关照你，当他托你办事时，若觉得实在无法做到，就应该很明确地表明态度并向他说声对不起。否则，不仅事情没办成，还会因此得罪领导。

当然，拒绝领导的方法有许多，看好时机，自然的暗示出自己的本意，不要惧怕，方法得当，领导也是能有商量的。

第七章

脑子里都是意见，说出来的都是建议

——不得罪人的批评方法

不同的人应选择不同的批评方法

核心提示

同样的错误发生在不同的人身上，批评时要因人而异，否则便会产生不良的后果。

理论指导

在这个世界上，没有人不会犯错误，也没有人愿意犯错误。在错误面前，你可能会忍不住大发雷霆。狂风暴雨过后，你可能会失望地发现，你的"善意"并没有被对方接受，甚至换来的结果可能事与愿违。

力求让每个犯了错的人既能认识到自己的错误，心悦诚服地接受批评，又能不失自信，不断地严格要求自己，这就要靠批评者灵活地选择批评方式和方法。

某公司的小刘和小张都在广告部工作，小刘是公司的老人，自从公司成立就在公司工作。而小张是一个还在试用期的员工，这次协助小刘完成一个广告策划项目。但是这个项目却出现了严重的失误，两个人都有责任。

部门经理针对这样的情况对两个当事人采取了不同的批评方式。因为小刘是老员工，他狠狠地批评了他，但对小张则只是指出他工作上粗心，提醒他下次多加注意，还安慰他新进公司不要着急，慢慢来。

小刘心里很不服气，找到经理质问。经理对他解释说："这种错误发生在你身上是不应该的，你是公司的老员工，公司对你的期望自然要比新员工要高很多。你怎么可能出现常规性的失误？你说我对你能不失望吗？"

小刘听了经理的一席话，觉得在理，便接受了批评。可见，同样的错误发生在不同的人身上，批评时要因人而异，否则便会产生不良的后果。批评对谁来说，都不是一件让人光彩和愉快的事。但是如果你能够灵活掌握适当的批评技巧和方法，相信人与人之间的交流会更融洽。

在众多接受批评的对象中，每一个人都有属于自己的性格，文化修养、道德修养因人而异。对领导或老师的批评态度也不同，有的员工能接受别人的当面批评，而不喜欢会议上的当众点名批评。有的员工对会上不点名的暗示提醒和批评能够心领神会。

要做一个"成功"的批评者，怎样才能巧妙地把自己的意思传达给对方，很大程度上取决于你采用的批评方式。因此，批评要慎之又慎，先考虑对方是属于何种类型后，再决定采取的方式。

1. 个性坦率直爽、性格开朗，心理承受能力强的人

这种人知错就改，喜欢直来直去，不喜欢拐弯抹角。对于这种下属，你应该明确地指出其缺点和错误之所在、性质和危害，对方会容易接受。相反，过多地绕圈子，反而会使他纳闷，产生误解，甚至是反感，认为这是你对他不信任的表现。

2. 头脑聪明、反应敏捷，接受能力强，而自尊心也很强的人

对这种人最好采用提醒、暗示、含蓄的语言，将错误和缺点

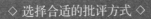

◇ 选择合适的批评方式 ◇

批评的方式有很多种，这就需要批评者根据具体的当事人和事件进行选择。

性格内向的人对别人的评价非常敏感，可以采用以鼓励为主、委婉的批评方式。

对于生性固执或自我感觉良好的员工，可以直白地告诉他他犯了什么错误，以期使他警醒。

对于严重的错误，要采取正式的、公开的批评方式；对于轻微的错误，则可以私下里点到为止。

稍稍点破，他们便会顺着批评者的思路，找到正确的答案和改正错误的办法。

这种方式有两种表现：一种是面对犯错者本人，顾此而言他。看似在讨论别人，其实是在说他本人。这种方法的关键是必须找到相似的事物或相似的人，否则相去甚远，难以奏效。另一种是面对众人，漫无所指，点出一些只有当事人才能心领神会的事情，给其以必要的心理压力。让他知道你是碍于情面，才没有揭发他。这时，他会在内心深处自我警醒、自我矫正的。

3. 自尊心强，脸皮薄、爱面子的人

这种人应采用循序渐进式的批评，其特点是把要批评的问题分成若干层次、若干阶段来解决。通过逐步输出批评信息，有层次地进行批评，使犯错误的下属有一个心理缓冲的余地，有一个认识提高的过程，从而一步步地走向你所期待的正确方面。

大量事实证明，在你批评那些自尊心较强而又错误较多的下属时，采取循序渐进的方法，有利于取得批评的积极效果。相反，如果你一次性把下属的诸多缺点一股脑儿地倾泻出来，容易伤害下属的自尊心，使其产生逆反心理。

4. 性格内向、脾气暴躁，爱钻牛角尖或心情不愉快的人

对这种人用参照、对比的批评比较合适。这种方式的特点是：在批评时，不直接涉及对方的要害问题，而是运用对比方式，通过建立参照物，来烘托出批评内容。

比如，你可以通过列举和分析其他人的是非，来烘托出被批评者的错误；可以通过被批评者自身以往的经历，来烘托出他现在的错误；也可以通过列举和分析哪些是错误的，来烘托出被批评者为什么是错误的。

批评他人一定要看场合

核心提示

批评人一定要看场合，最好是在没有第三者的情况下进行。否则，再温和的批评也有可能会刺激受批评人的自尊，因为他会觉得在别人面前丢了面子。

理论指导

批评人是每个领导者工作中都会遇到的问题。作为一个领导，批评人的时候如果不注意场合，会带来很多副作用，受到批评的人会心生怨恨，还有可能做出一些傻事。

场合是否定和批评下属的重要条件，是领导语言发挥的必要限制。聪明的批评者总是在什么场合说什么话，看什么情况行什么令，灵活机动、随机应变，从而创造出一个否定和批评下级的良好时机。愚蠢的批评者则往往不分场合、不看火候、随便行使权力、大耍威风，结果，使问题反而变得更加复杂和严峻起来。

某公司一年一次的圣诞晚会，收到邀请的人都是与公司有生意往来的合作伙伴，所以这个晚会相当于一个非正式的商务宴会。

晚会上，公司总裁罗伯特看到了这样一个场景：

公司的一个高级职员穿了一件不够得体的晚礼服，正在与罗伯特谈话的公关部经理看到后马上停止了与罗伯特的对话，走到那个职员面前。

"你怎么穿这样的衣服来了？"经理的声音不大，但附近的人还是能听到。

"对不起……之前准备好的衣服不小心剐坏了，所以就……"

"那你也不能穿这样的衣服来参加宴会！"经理嫌弃地看着职员身上的衣服，"简直是丢公司的脸。"

面对咄咄逼人的经理，那个职员的脸色越来越难看。

"马上回去给我换一件，要么就离开这里，不要再在这里丢人了。"

被说得无地自容的那位高级职员只好狼狈地离开了会场。目睹这一切的罗伯特觉得这个经理做得太过分了。

几个月后，这个经理被公司调到了外地的分公司，理由是无法和下属很好地相处。

事实上，作为领导不给下属留面子，不看场合说话，对其自身也是一种损害。因为在大庭广众之下，你对下属自尊的伤害，别人也是看在眼里的。他们也许不会太在意那个人到底犯了什么错，反而会把注意力都集中在你的不识大体上。

领导者在纠正下属错误时，一定要注意场合，最好是在没有第三者的情况下进行。否则，再温和的批评也有可能会伤到受批评人的自尊，因为他会觉得在同事面前丢了面子。他可能以为你是故意让他出丑，从而认为你是一个不讲情面，不讲方法，没有涵养，没有风度的人，有的还会觉得你的动机不纯。

通常的批评宜在小范围里进行，这样会创造亲近融洽的语言环境。实在有必要在公众场合批评时，措辞也要审慎，不宜大兴问罪之师。大量事实说明，恰当地选择批评的场合，对于优化批评的效果是十分重要的。批评的目的和内容都正确，选择的场合不当，也会导致批评的失败。

巧妙暗示比直接指责更有效

核心提示

我们如果不得不批评他人时，最好不要直截了当地把批评意见讲给被批评者，而要借用委婉的语言说彼及此，运用弦外之音，巧妙地表达意见，让人思而得之，以达到"藏颖其间，锋露其外"的作用。

理论指导

在工作与生活中，随意指责别人是一些人很容易犯的错误，尤其是性格直爽的人，遇见看不惯的人和事，或是别人犯下错误之后，总是爱指手画脚，指责别人，不是说别人这儿不对，就是说别人那儿不行。

殊不知，直接指责是对别人自尊心的一种伤害，是很难让人原谅的，如果你不想让人讨厌，那就请口下留情，别总去批评别人。如果有些情况确实有必要批评，那也要讲究方式方法。

在一个中学里，有一个瘦瘦高高的男生，喜欢上身穿白衬衫，下身是一条粗肥的工装裤。这样的衣服穿好了，会显得男生很英武，很帅气。可是这个同学却没有穿整齐，总是敞着怀，露出里面的胸膛来，还总爱光脚穿一双帆布鞋。后面鞋帮还不提上来，成天趿拉趿拉的。老师和同学都不愿意靠近他，因为他形象不好。可他自认为这样的穿着很潇洒。

对于他的穿着，班主任老师曾经当面对他进行批评，可一点作用都不起。这个老师后来想到了一个办法。这天他把这个男生叫到办公室说是帮个忙，当这个男生来到办公室门口时听到了一段这样的对话：

班主任教师说："现在有的人穿衣服真是乱搭，比如工装吧，还是应该穿得整整齐齐的。有的人皮带不系好就出门，工装又那么肥大。这样子，别人怎么看他呀？"

那个女老师说："真是这样，衣服就应该穿得整整齐齐，你看人家那些帅哥，穿工装多帅气。"

班主任老师又接着说："可不是嘛，如果再趿拉着一双鞋，人家一看就烦。这样的男生恐怕将来找女朋友都不好找，像痞子一样。其实男生穿衣服也不用太好看，注意庄重整齐就行了。"

那个女老师接着说："是啊，女孩一般喜欢大方、穿着干净整齐的男孩子。"

这个班主任老师就这样，和女同事有一搭无一搭地聊着天，其实他已经看到那个男生正在门口站着。这时，他装作没事人一样，赶紧叫这个男生进来，让他帮自己把今天的作业发下去。

到了第二天，这个男生就穿得整整齐齐的了，把衬衣装进工装裤里，鞋子也穿得很好。

在指责别人时，适当地闪烁其词，稍稍隐晦地表达意思会更为有利。我们如果不得不批评他人时，最好不要直截了当地把批评意见讲给被批评者，而要借用委婉的语言说彼及此，运用弦外之音，巧妙地表达意见，让人思而得之，以达到"藏颖其间，锋露其外"的作用。

批评的方法多种多样，不同的方法会收到不同的效果。暗示是一种巧妙的批评方法。我们可以通过以下方式进行暗示批评。

1. 以故事暗示

某经理为加强管理，决定指派一名员工监督全部门人的上下班迟到早退情况。这位员工说自己在上学时就因当班干部办事太认真，坚持原则而得罪了不少同学，不愿意干。听了他的话，经理什么话也没说，而是委婉地讲了一个故事进行暗示：

某电影制片厂导演，为拍好一部片子，四处寻找合适的演员。一天，导演发现了一个合适人选，便通知他准备一下试镜头。这个被导演相中的人非常高兴，换了发型，穿上新衣服，对着镜子左照右照，总感到自己两颗长长的"犬牙"实在太难看，于是到医院将它拔掉了。当他兴致勃勃地去报到时，导演却失望地说："对不起，你身上最珍贵的东西被你当缺陷毁了，影片已经不需要你了。"

故事讲完，这位员工懂得了"办事认真，坚持原则"正是他自己最珍贵的长处。之后，这位员工愉快地接受了任务。通过说故事的形式来表明一个道理，既生动形象，又富有感染力，可以较好地达到批评教育的目的。

2. 以笑话暗示

某班有些学生上课听讲不专注，如果在班上公开批评，会伤害这些学生的自尊心。于是，班主任在班会上讲了一则笑话进行暗示，较好地解决了问题。"一次历史课上，老师发现一个学生不专心听讲，就喊他回答问题：'郑成功的母亲是谁？'这个学生说：'失败乃成功之母。'"笑话讲完，学生们在笑声中冷静下来，悟出了老师的话是有所指的。

笑话，言辞诙谐，语调幽默。一则恰当的笑话暗示，能引来被批评者愉快的笑声，能使被批评者在交谈中心与心交融，情与情沟通，不尴尬，易接受。

3. 以逸闻暗示

有一个学生文章写得很好，遗憾的是字写得不好。为了鼓励

这个学生克服这一不足，语文老师在一次批改作文时，用名人逸闻对他进行暗示。语文老师说："著名诗人柳亚子很善吟诗作文，堪称文坛大师，他的书法也是龙飞凤舞，流畅奔放，但却很潦草，

往往不被人所认识。柳亚子先生的挚友辛壶在批评柳亚子字迹潦草时，说他是'意到笔不到'。"这个同学马上意识到老师是指自己的字写得不好，表示一定要加强练习，把字写好。

以名人的逸闻趣事进行暗示，能使被批评者在听取批评意见时，有一种类比的心理自豪感，不觉得委屈，乐于接受，并且印象深刻。

4. 以寓言暗示

寓言哲理深刻，以小见大，说服力强，且为人们喜闻乐见。它能将要表达的意思用故事的形式讲出来，达到批评的目的。

有一个年轻人迷上了打麻将，以钱助兴，又明知这种做法不对，但就是改正不了。这天，他很晚才回到家，他的父亲还没有休息，手里拿着一本书——《孟子》。他问父亲为何这么晚不睡时，父亲说刚刚看到一个好故事，然后就把这个简短的故事讲了出来："有个人，每天偷邻居一只鸡，别人告诉他：'这不是君子应该做的事。'他回答：'那么就减少些吧！一个月偷一只，等到明年再洗手不干。'"这个年轻人终于认识到，打牌用钱助兴不是正经事，立即向父亲保证马上改正。

把批评隐藏在玩笑背后

核心提示

请将你的批评隐藏在玩笑背后，用玩笑的方式来委婉批评他人，如果能够运用恰当，将会起到意想不到的效果。

理论指导

当需要对人提出批评意见时，如果不好直接指出对方的错误，可以把本来直说的话，用开玩笑的方式表达出来，从而产生一种耐人寻味的效果。

传说汉武帝晚年时很希望自己能长生不老，经常与人讨论长寿的话题。这天，汉武帝对身边的侍臣说："相书上说，一个人鼻子下面的'人中'越长，命就越长；'人中'长一寸，能活百岁。不知是真是假？"

在场的东方朔听了这话，知道皇上又在做长生不老的梦了，脸上露出一丝嘲讽的笑意。汉武帝见东方朔面露讥讽之意，心中大为不悦，喝道："东方朔，你是在笑话我吗？"

东方朔恭恭敬敬地回答："我怎么敢笑话皇上呢？我只是在笑彭祖的脸太难看了。"

汉武帝问："你为什么笑彭祖呢？"

东方朔说："据说彭祖活了八百年，如果真像皇上刚才说的，那彭祖的'人中'就应该有八寸长，那么，他的脸岂不是有丈把长吗？"汉武帝听了，也哈哈大笑起来。

东方朔是聪明的，他把讥讽汉武帝的荒唐隐藏在开彭祖的玩笑之后，有些指桑骂槐的味道。但正是这样，才使汉武帝愉快地接受了批评。

用玩笑的方式委婉地批评他人，常常会起到意想不到的效果。

1890年，美国著名的幽默作家马克·吐温和一些社会名流参加道奇夫人的家宴。不一会儿，就出现了宴会上经常发生的情况：每个人都在跟旁边的人谈话，而且同一时间讲话，慢慢地，大家便把嗓音越提越高，拼命想让对方听见。

马克·吐温觉得这样有伤大雅，太不文明了。而如果在这个时候突然大叫一声，让大家都安静下来，其结果肯定会惹得大家生气，甚至闹得不欢而散。怎么办呢？

马克·吐温心生一计。他对邻座的一位太太说："我要让这场吵闹的宴会停下来，办法只有一个。请您把头歪到我这边来，装成对我讲的话非常好奇的样子，我就这样低声说话。这样，旁边的人因为听不到我说的话，就会想听我说的话。我只要叽叽咕咕一阵子，你就会看到，谈话会一个个停下来，最后，除了我叽叽咕咕的声音外，其他什么声音都没有。"

接着，马克·吐温就低声讲了起来："11 年前，我到芝加哥去参加欢迎格兰特的庆祝活动时，第一个晚上举办了盛大的宴会，单是到场的退伍军人就有 600 多人。坐在我旁边的是一位先生，他耳朵很不灵便，形成了聋子通常有的习惯，不是好好地说话，而是大声地吼叫。他有时候手拿刀叉沉思五六分钟，然后突然一声吼叫，会猛地吓你一跳。"

说到这里，道奇夫人那边桌子上闹哄哄的声音逐渐小了下来。然后寂静沿着长桌，一对对一双双蔓延开来，马克·吐温用更轻的声音一本正经地讲下去："在那位先生不作声时，坐在我对面的一个人对他邻座讲的事情快结束了……说时迟那时快，他一把揪住她的长头发，她尖声地叫唤，哀求着，他把她的领子按在他的膝盖上，然后用剃刀猛然一划……"

到这时候，马克·吐温的玩笑已经达到了目的，餐厅里一片寂静。马克·吐温见时机已到，便开口说明他玩这个游戏，是要请他们把教训记在心头，从此要讲礼貌，顾念大家，不要一大伙人同声尖叫，让一个人讲话，其他的人认真听着。大家听了，哄堂大笑，只是个个脸上的表情都有些尴尬。

这种批评方法幽默、风趣，它把责备隐藏在玩笑背后，使对方在笑声中接受批评，并解决问题。你在批评别人时，也可以尝试将你的批评隐藏在玩笑背后，用玩笑的方式来委婉批评他人，如果能够运用恰当，将会起到意想不到的效果。

善意的批评，让对方心悦诚服

核心提示

　　相同的意思，如果使用一定的表达技巧，即使是批评人的话，也会让对方听得心悦诚服。

理论指导

　　批评，在工作或生活中是难免的。但批评对谁来说都不是一件让人愉快的事。其实并非所有的批评都是带有恶意的。俗话说"打是亲，骂是爱"，只有真正关心你的人才会给你批评和意见。

　　美国总统柯立芝任职期间，有一次曾对女秘书说："你这套衣服很漂亮，使你显得更有魅力。"女秘书意外之余，又十分兴奋。因为总统一向沉默寡言，很少热情地赞美人。柯立芝接着说："希望以后你处理的文件像衣服这么漂亮，尤其是标点符号。"

　　总统并未直接对女秘书提出批评，但这种巧妙的手法让人极容易接受。相同的意思，如果使用一定的表达技巧，即使是批评人的话，也会让对方听得心悦诚服。

　　现实中，多数人在做了错事之后，他们心里对自己的行为都会感到非常惭愧，时刻受到良心的谴责。此时如果你不能用体谅他的方式，反而一味地"攻击"他的错误，尽管批评者是出于好意，但对方却无法接受，非但不改过，反而会变本加厉。所以，这种批评方式，一开始就注定会失败。

例如，某公司一位员工上班经常迟到，上司若是当面对他说："你还想不想干了？"员工不一定能接受。与其这么说，倒不如说："我想你也认为迟到是不对的。若是你能坚持按时上班这样的正确做法，相信在不久的将来，你也能发觉按时上班的乐趣。"这样的说法应更能让他接受。

如果你的批评言语刺伤了他人，即使说得再多，他也会无动于衷；相反，若能肯定对方，之后再说出自己的意见，那将比任何威胁的话都来得有效，让对方接受你的劝解，不妨用"我想你内心也必定这样想"这样意思的话来做开场白。

金无足赤，人无完人。没有人不会犯错误，面对别人的错误，也许你忍不住要大发雷霆。往往事发过后，你可能会沮丧地发现，你的"善意"并不被对方接受，甚至结果让你追悔莫及。可见，要"成功"地批评人，也不是一件容易的事。

批评他人的过失，应该让对方心悦诚服地接受批评，改正错误，并由此受到激励。下面告诉你一些批评的技巧：

（1）会换位思考，不可羞辱对方，让人失去尊严。

（2）点到即收，不可无休无止。

（3）不揭伤疤，不吹毛求疵。

（4）从批评自己开始。

（5）学会先表扬后批评。

（6）语气要委婉，会旁敲侧击。

（7）在批评中提出建设性意见。

批评他人一定要掌握尺度

核心提示

批评他人时，一定要掌握一定的尺度，替对方保留颜面。同时对事不对人，之后也要懂得道歉，并适时安慰对方，让其有被信任的感觉，这样才能创造更好的互动关系。

理论指导

当身边的朋友或同事做了伤害自己的事情，你也许会一时冲动批评对方，当然如果不是什么严重的事情最好不要使用批评的方式。如果真的非要批评不可，一定要掌握好尺度。

松下电器公司的创始人松下幸之助，除了在企业经营管理方面有独到的智慧，同时他也是一个善于用人的好领导，即使是训人，也能让员工心服口服。

后藤清一是三洋电机的前董事长，他有一段时间曾任职于松下公司。有一天，后藤清一因为工作上犯了错，被叫到松下幸之助的办公室接受训话。松下幸之助见到他后，情绪犹如火山喷发，非常生气地斥责了他。松下幸之助由于过于激动，他甚至用手拿起桌上的打孔机来敲桌子，直至敲坏。

过了一会儿，松下幸之助心情恢复平静之后，对后藤清一说："很抱歉，刚才我太生气了，所以把打孔机敲坏了，你可不可以把它修好呢？"

后藤清一受到责骂后，原本只想赶快离开董事长的办公室，无奈之下只好接受请求，拿着打孔机在一旁敲敲打打，慢慢地将它修好，这时，他的心情也平静了许多。

松下幸之助对后藤清一称赞道："你做得很棒，简直跟原先的一模一样！"

后藤清一离开后，松下幸之助就悄悄地把电话打到他家里，对他的老婆说："今天你丈夫回家后心情可能不太好，今天因为工作上的事情，我责骂了他，麻烦你多安慰他。"

当后藤清一带着满肚子的委屈下班回到家时，他原本想告诉老婆打算辞职不干了。没想到老婆看到他就说："真如你们董事长所说，你的心情果然不好，谁又能不犯错，哪个下属没有挨过上司的骂呢？"

后藤清一这才明白董事长早已事先交代他的老婆对他进行劝慰，这让他心里感到很温暖，也激起了他对松下幸之助更大的忠心。

在这里，松下幸之助的聪明之处在于，他在批评时掌握了极好的分寸，让员工体会他爱之深、责之切的心情，从而更心甘情愿地为他工作。

如果要批评他人，一定要对事不对人，之后也要懂得道歉，并适时安慰对方，让其有被信任的感觉，这样才能创造更好的互动关系。

1. 不在大庭广众之下批评别人，维护他人尊严

批评时考虑时间、场合和机会。假设一位领导带着部下到顾客那里去访问，当领导发现部下在言谈举止上存在问题时，就不能当着顾客的面提出批评，这时候，最重要的还是要用高明的谈话方法，把部下的缺点掩饰过去，当没有旁人的时候，再对部下提出批评。

2. 对事不对人

批评时应尽快切入要点，让别人觉得批评是为了全局的利益

着想，而非针对个人。有人批评人时总是说："从你做的这件事就能看出你这个人怎样。"这是批评之大忌，批评时，只能针对事情，而不能针对个人的人格、品性，拿事来说人。

比如可以这样说："根据往常的经验我知道，你不至于犯这种错误，是否有什么原因使你这次没有做好充分准备……"这种气氛有助于使对方认识到不是批评他这个人，而是批评他的某项工作或某件事情。如果把批评指向他人的活动，就无损于受批评者的整个形象，这样就把批评建立在友好的气氛中，使对方感到无拘无束，欣然接受批评。

3. 不要新账旧账一起算

任何受批评者都不喜欢这样的行为——被翻出以前的旧账，把所有的错事都抖出来。一个讲理的批评者也应该尊重这点，如果一次只谈一件错事，那么一定会比一下搬出所有错事的做法好，令人不至于绝望，而且更愿意倾听批评。当然，如果你不分青红皂白一味地指责，那么没有人会接受这样的批评。

话说三遍淡如水，要想对一个已知的过错引起注意，一次提醒就足够了。批评两次完全没有必要，而三次就成了纠缠。批评不是存款，时间越久，利息越多，总是翻别人的老账，唠叨个没完，是非常不明智的。批评别人时，宜"就事论事"，不要旧账新账一起算，在交谈结束时，说儿句："我相信你会从中吸取经验教训的。"诸如此类勉励的话，就会让人觉得这不是有意打击，而是真心帮助他。这样，他会打起精神，更加踏实地投入工作。

第八章

窘迫时刻最显情商

——会「打圆场」，化解尴尬处境

随机应变，化险为夷

核心提示

面对困境或者危机，我们要善于分析对方心理，随机应变，设法脱离险境，变被动为主动，化险为夷。

理论指导

在日常生活中，有的时候你会遇到这样的状况，你所面对的是一些不想讲理、不能讲理或根本讲不得理的人或事，在这个时候，你可以巧妙寻找借口，用几句简短的机智语言应对，从而可以显出最佳的效果。

随机应变代表了一个人的智慧，应用得好，可以变不利为有利，获得出奇制胜的成功。

有一天，玛丽小姐正在屋里休息，忽然听到门外有声音。她打开门，看见一个持刀的男人正杀气腾腾、恶狠狠地看着自己。是入室抢劫？是杀人逃犯？玛丽不禁倒吸了一口凉气，心里打了一个冷战。她灵机一动，迅速恢复平静，微笑着说："朋友，你真会开玩笑！是卖菜刀的吧？我喜欢，我要买一把。"边说边让男人进屋，玛丽接着又说："你很像我过去的一位好心的邻居，看到你真高兴，你是喝咖啡还是喝茶？"本来满脸杀气的歹徒渐渐腼腆起来。最后，玛丽真的"买"下了那把明晃晃的菜刀，陌生男人拿着钱迟疑了一会儿真走了，在转身离开的时候，他说："小姐，你会改变我的一生！"

读罢这则情节起伏、动人魂魄、有惊无险的小故事，我们不禁钦佩玛丽小姐巧妙寻找借口，并最终化险为夷的过人智慧，更被她那能融化世界的爱心所折服。一场即将发生的灾难转眼间被玛丽以机智和爱心挽回了，她不但挽救了自己，也挽救并改变了那个歹徒。这件事表面上看起来似乎悄无声息，回味起来则是惊心动魄。

处理同一问题不能总用同一种方式，而要随机应变。在遇到危机时也一样，要考虑不同的环境，不同的对手，不同的时间，所以就要根据具体情况采取不同的对策，这样才能确保在危机中化险为夷。

这里化险为夷的关键是能够随机应变。意思是说，在施用借口的过程中要随着具体情况相机而变，亦即根据时机及时调整策略，如此就容易战胜对方。

因为一个人、一个组织总是处于一种复杂多变的环境之中，面临着各种机遇与挑战，要想立于不败之地，就要审时度势，视场景的变化而变化，才能挽救危局，抢占先机，保持自己的主动地位，切不可一成不变，坐失良机。

总之，我们只有善于运用智慧，才能找机会脱离困境，化险为夷。这就要求我们平时多磨炼自己沉着、冷静、顽强的性格。只有这样，在与人交谈的时候，我们才可以更好地赢得说话的主动权，从而应对突如其来的危机或险境。

危急关头，不妨转换话题

核心提示

在交谈中出现紧急状态时，以周围的环境为媒介，迅速转移话题便是一种普遍有效的应急措施，但必须做到转得巧妙。

理论指导

人际关系中，人们之间总会有一些认识上的分歧，或者发生一些不愉快的事，甚至在被人故意刁难的危急时刻。在这种情况下，继续谈论已经发生争议的话题，则会发生更多的不愉快，两个人即使是默默不语，也不能解除尴尬的局面。在这种情况下，最好的办法就是转移话题，紧张的场面会立刻轻松下来。

1981 年，里根遇刺的消息传到白宫后，总统办公厅一片慌乱，不知所措。这时，富有经验的国务卿黑格被推荐站出来维持局面。黑格曾任美国驻欧洲部队司令，脱下军装后又当上国务卿，一向以果断、稳重而知名。但他听到里根被刺的消息，也慌了手脚，甚至还闹了个笑话。

一个记者问黑格："国务卿先生，总统是否已经中弹？"

黑格回答："无可奉告。"

记者又问："目前谁主持白宫的工作？"

黑格答道："根据宪法规定，总统之后是副总统和国务卿，现在副总统不在华盛顿，由我来主持工作。"

这一回答引起了轩然大波，记者们议论纷纷。另一个记者马上又问："国务卿先生，我记得美国宪法上写明总统、副总统之后，

◇ 用顺水推舟法巧妙转移话题 ◇

　　这种方式是充分利用原来的话题，借助邻近内容隐蔽地转移对方的注意力，由此及彼、以新换旧，来达到自然引渡话题的目的。

满分？你儿子真聪明，语文也一定考得不错吧……

我儿子这次数学又考了满分，你女儿呢？

锦上添花法

　　由对方话语中的某一点引出新的话题。

补充引渡法

　　表面上为对方的谈话做补充说明，实际上则悄悄转换话题。

我昨天也去看了，不是还有各种名牌服装吗？

博览会上的羊毛衫种类真多啊，有……

你认为一个人成才需要哪些条件？成才既然需要主客观条件，那么主观因素与客观条件相比，哪一个更重要呢？……

追问转移法

　　对对方的回答不断地追问，利用一次或多次地连续追问使他逐渐偏离原来的话题。

我这么有才……老板就是不重用我……

是众议院议长和参议院议长，而不是国务卿。我想问美国宪法是不是修改了？"

黑格听后明白是自己失言，急中生智反问道："请问在两院议长后又是谁呢？他们都不在白宫现场，当然由我来主持了。刚才为了节约时间，少说了一句话而已。"

案例中，黑格几句话便自圆其说为自己解了围。在交谈中出现紧急状态时，这时，以周围的环境为媒介，迅速转移话题便是一种普遍有效的应急措施，但必须做到转得巧妙。

社交场合中，有时会遇到自己不想公开而别人又偏偏要打听的事；或是自己偶然触及对方的伤痛、忌讳及隐私，出现了尴尬的局面。有时会遇到自己不想公开，而别人又偏偏要打听的事；或是自己偶然触及对方的伤痛、忌讳及隐私，出现了尴尬的局面。这时如何转移话题呢？

1. 顺水推舟

这种方式是充分利用原来的话题，借助邻近内容隐蔽地转移对方的注意力，由此及彼、以新换旧，来达到自然引渡话题的目的。

2. 顺手牵羊

顺手牵羊就是借助邻近或相关的事物或非语言因素，巧妙地转换话题。会话过程中，可以借眼前的景色、物品、陈设、耳畔的声响，乃至嗅觉感受到的气味、触觉感受到的物状、身体感受到的气温等，来转移话题。"哦，我怎么现在才发现，你墙上这幅画是相当名贵的！""这是什么气味？上次来好像也闻到过。""你看，那个山头多像一头雄狮！""怎么搞的，你们整天就在这噪声中生活？"

由于所借有的事物或非语言因素，往往与原来的话题没有联系或联系不大，所以，采用"顺手牵羊式"时，务必注意三点：首先要迅速吸引对方的注意，以淡化其对原话题的兴趣；其次要以语调、神情、手势辅助说话，以隐蔽转移话题的动机；最后要尽可能表达对对方的关心，以消除强使对方改换话题时可能产生的不快。

3. 另起炉灶

另起炉灶这种方式简洁明快，直截了当地以一个新话题取代旧话题。它往往用明白的语言刹住对方的谈锋，迫使话题转换。这种方式虽然直接，也要顾全对方的面子，特别是在对方谈兴正浓的时候。你可以对只顾自己口若悬河的人说："这件事咱们有机会再谈吧，我先告诉你一件事……"；也可以在听到不愿听下去的话题时说："我们不谈这个，谈谈……好吗？"既注意到了礼貌，又达到了转换话题的目的。

另外，转换话题还有一种情况，在两人的交谈中涉及第三人的名誉或利益，这时更要当机立断，改变话题。如当有人在会话中损害了某个人的名誉时，你就要以坚定的语气说："对×××，我的印象很好，还是让我们谈谈其他事吧。"或者当有人诽谤一位双方都很熟悉的朋友时，你可以用吃惊的语气说："奇怪，他常常讲你非常好。"这种明显的转换话题一般会立即制止闲言碎语。

非常场景，机敏应答

核心提示

机敏是机智、敏捷，体现的是人们对矛盾的感受能力以及由此产生的变通能力。这就要求我们必须善于发现问题，判定相应的对策，而且还要随着事情的变化不断调整应变策略。

理论指导

在交际中遇到的尴尬场面或遭遇他人的故意为难时，我们要做到随机应变，灵活应答并化解尴尬，维护交际活动的正常进行，这往往体现了一个人的内在修养和气度。

机敏是机智、敏捷，体现的是人们对矛盾的感受能力以及由此产生的变通能力。这就要求我们必须善于发现问题，判定相应的对策，而且还要随着事情变化不断调整应变策略。

在美国第35任总统候选人的提名过程中，肯尼迪年轻和孩子般的外表成了一个不利条件。众议院发言人萨姆·雷伯恩就攻击肯尼迪是乳臭未干的几个民主党领导人之一。肯尼迪哈哈一笑，把问题抛到一边："萨姆·雷伯恩可能认为我年轻。不过对一位已是78岁的人来说，他眼中的大部分人都年轻。"可是这个问题始终纠缠着肯尼迪。哈里·杜鲁门在一次全国性演讲中向肯尼迪挑战。"我们需要的是一个极其成熟的人。"这位前总统说。

肯尼迪用逻辑和机智回敬了他的挑战。他说："如果年龄一直被认为是一个标准的话，那么美国将放弃对44岁以下所有人的信任。这种排斥可能阻止杰弗逊起草《独立宣言》、华盛顿指挥独立战争中的美国军队、麦迪逊成为起草宪法的先驱、哥伦布去发现新大陆。"

在社交活动中，不时会碰到一些突发情况，这需要当事人机智反应，化解突发情况带来的不良影响。在此，我们略举几种技巧。

1. 以虚对实

如果碰到别人实实在在的话语，不要从实际情景出发，而是侧重联想，不给他有关问题的对口信息，将话题转向与问题没有直接关联的其他事情上，暂时中断对方原来的意念。中断必然引起对方对两个看似不相关的问题的思考，品味其中的不协调。

比如，妻子对丈夫说："你经常说梦话，还是去医院检查一下吧。"丈夫笑着说："还是不用了吧，要是治好了这病，我就没有一点说话的机会了。"

这里，妻子本是从关心丈夫的角度出发，真心实意劝丈夫看医生，而丈夫故意装作不懂，把话题引到妻子话多的问题上，说梦话是生理疾病，话多是心理习惯，丈夫以虚对实的幽默表达着他淡淡的抱怨，从而让妻子能在幽默里领悟丈夫的潜台词。

2. 妙答怪问

乾隆皇帝突然问刘墉一个问题："京城共有多少人？"

刘墉虽猝不及防却非常冷静，立刻回了一句："只有两人。"

乾隆问："此话何意？"

刘墉答曰："人再多，其实只有男女两种，岂不是只有两人？"

乾隆又问："今年京城里有几人出生？有几人去世？"

刘墉回答："只有一人出生，却有十二人去世。"

乾隆问："此话怎讲？"

刘墉妙答曰："今年出生的人再多，也都是一个属相，岂不是只出世一人？今年去世的人则十二种属相皆有，岂不是死去十二人？"乾隆听了大笑，深以为然。

确实，刘墉的回答极妙——皇上发问，不回答显然不妥；答吧，心中无数又不能乱侃，这才急中生智，转眼间以妙答趣对皇上。

3. 即兴发挥

在中国人民的老朋友——美国记者安娜·路易斯·斯特朗八十周岁的庆祝会上，周总理就巧妙抓住西方女士喜欢别人说她们年龄小的特点，并与中国称"斤、里"时比"公斤、公里"数值小一半的情况联系起来，于是就笑着要大家为斯特朗的四十"公岁"举杯庆贺。满座来宾听后皆捧腹大笑，斯特朗则笑出了眼泪。

自嘲解围，娱人娱己

核心提示

我们若能将自己的弱点借由巧言妙语表现出来，使谈话中"趣中见智"，则必能换取听者的开心笑声。

理论指导

在日常生活中，常有人由于不慎而使我们身处窘境，向我们提一些非分的请求，或是问一些我们不好回答或暂时不知道答案的问题。此时，我们如果直接表明"不满意""不可能"或"无可奉告"，往往会给彼此带来不快。如果我们想从窘境中脱身而出，不妨借用自嘲的方法。

一个人嘲笑自己，常常带给别人无限的欢乐。每个人都有弱点、缺点，但若能带着洞察力，自我谦抑、自我嘲笑，来衬托出他人的优越感，使人哈哈一笑，则是大智若愚的幽默高手。

所以，"自己先笑自己，总比被人取笑要好得多"。我们若能将自己的弱点借由巧言妙语表现出来，使谈话"趣中见智"，则必能换取听者的开心笑声。

美国前总统克林顿曾经有一次被记者围攻。记者问："总统对于媒体对您与××小姐绯闻的报道有什么评价？"面对这个尴尬的问题，克林顿从容不迫地回答："取笑我的话已经被世人说尽了，再也没人能说出新鲜的了。"

克林顿的语言既尖锐又圆润,自嘲的同时也没有忘记反攻,一下子把球抛到了记者手中,弦外之音就是:"你们哪个有本事说出来点新花样?我洗耳恭听。"果然记者们全部顿时语塞。克林顿的回答真够得上经典和巧妙。

此种方法比较适用于处境窘迫的场合。有了过错,或受到别人的过分嘲讽,可以顺着对方的思路通过自嘲来进行化解。同时也不应忘记抓住对方的弱点,反守为攻,攻其不备。当然,这需要拿捏到位、反应敏捷、恰到好处。

善于自嘲的人,必须要有豁达的胸襟和宽广的胸怀。有一句老话叫作"静坐常思己过,闲谈莫论人非",同样的道理,只知道从别人身上寻找笑料的人是不会太受人欢迎的,适当的时候"幽默"一下自己,这样的人会更有人缘,这样的说话方式别人也更爱听。

英国"一代名相"丘吉尔就是一位善于自嘲的高手,他为世人留下的幽默典故数不胜数。

1915 年,当时的丘吉尔还只是英国的海军大臣。有一天,丘吉尔突然一时心血来潮,要学开飞机。于是,他命令海军航空兵的那些特级飞行员教他开飞机。军官们只好遵命。

丘吉尔虽称得上是杰出的政治家,但操纵战斗机跟政治是没什么必然联系的。尽管丘吉尔刻苦学习,把全部的业余时间都搭上了,但是机舱里的那么多仪表丘吉尔自始至终也没完全搞明白。负责训练他的军官都快累坏了。

有一次,在飞行途中,天气突然变坏,一段 160 英里的航程竟然花了两小时才抵达目的地。着陆后,丘吉尔刚从机舱里跳出来,匆忙之中的丘吉尔竟然忘了操作规程,在慌乱之中又把引擎

◇ 自嘲时的注意事项 ◇

　　自嘲，是一种充满魅力的交际技巧。自嘲可以活跃谈话氛围，消除紧张，可以给自己在尴尬时寻到台阶，保住面子。那么，如何做到适时适度的自嘲呢？

　　我之所以秃头，是因为……不过，光头也有好处，至少以后我上课时教室里的光线明亮多了。

主动说出自己的缺点

　　主动说出自己的缺点，就证明你战胜了自卑，有着乐观积极的心态，这份气度和勇气也会为你增添魅力。

　　"君子动口，小人动手"，梅先生唱戏是动口，我作画是动手，我理应请梅先生首座。

贬低自己，褒扬对方

　　自嘲，自贬，并不是无故地拿自己的缺陷开玩笑，而是故意地贬低自己，为的是褒扬对方。这正是君子所为。

　　这叫鞋拔子脸哪？这是正宗的猪腰子脸！

昨天 今天 明天

笑自己的长相或做的不怎么漂亮的事情

　　以取笑自己引起他人一起笑，会帮助他人喜欢你，尊敬你，甚至敬佩你。

给发动起来了，那架飞机竟然再次腾空而起，一头撞到海里去了。旁边的军官们都吓得怔在那里，一动不动。

望着眼前这一切，丘吉尔也不知所措，好在他并没有惊慌，装作茫然不知似的，自我解嘲道："怎么搞的，这架飞机这么不够意思，刚刚离开我，就又急着去和大海约会了。"

一句话，缓解了紧张的气氛，也让丘吉尔摆脱了尴尬。

在有些尴尬的场合，运用自嘲能使自尊心通过自我排解的方式受到保护，而且还能体现出说话者宽广大度的胸怀。善于自嘲者不仅娱人还能娱己，掌握了正确的娱己方法，不但能化解尴尬，缓解气氛，让彼此在笑声中增加了解和信任，还能让别人为你的勇敢和幽默所留下的印象加分不少。

智言妙语，巧脱困境

核心提示

生活中的有些尴尬事，总是在你意想不到的时候突然光临。如何应付呢？一要靠智慧，二要靠妙语。

理论指导

现实中很多尴尬的事情总是发生在突然之间，让人始料不及。如果你不能机智、灵活处理，将会使场面更乱，让自己陷入被动之境。那么这时应该如何面对呢？当然是智慧的语言。很多名人总是能用巧妙的语言来为自己解围，从而扭转不利于自己的处境。

余光中是当代著名的学者、诗人、散文家。有一次在一项文艺大奖中，获奖者大多数都是黑头发的晚辈，只有余光中年届花甲，白发染霜。相形之下，余光中颇不自在。

在致辞中，余光中风趣地说："一个人年轻时得奖，跟老头子一同得，表示他已经成名；但年老时得奖，就应该同小伙子一同得，表示他尚未落伍。"话音刚落，满堂喝彩。

当时正值花甲之年的余光中与年轻人同台领奖，难免会感到尴尬，然而机敏的余光中用充满诗意的话语将尴尬化解。先是不动声色地称赞年轻人功成名就，而后又恰到好处地表明自己宝刀未老。机灵的应变能力和谈吐的非凡魅力都表现得淋漓尽致，同时尽显豁达，尴尬当然随之消失。

2009年13届中国电影华表奖上，冯小刚喜获最佳导演奖。但在后台的采访中，冯小刚却遭遇了尴尬话题，有记者问他："前段时间传出××公司出价1亿元邀您加盟，而有的人却说您的身价10亿元都不止，您觉得您身价多少？"冯小刚略作沉思："我觉得，情义无价。"

褒扬之词被记者拿出来说事，冯小刚难免会感到尴尬，这时候，他答之一句"情义无价"，话虽简单却意蕴深远、耐人寻味，轻易便化解了尴尬。

很多的时候，出于交流或其他目的，总会向他人讲述一些自己对人对事的看法。当你议论他人被当事人听到，如果你的议论是正面的，那还好说；可一旦你的议论是负面的，被人当场逮住，会令双方都很尴尬！我们可以说："真是说曹操，曹操就到！我们刚刚还提到你那次……"就这样，坦坦荡荡地把正面的内容告诉他，只要你说的与他听到的相吻合，他就会疑云全消。

通常情况下，尴尬局面的出现，往往是刹那间的事情，如果缺乏镇静，大惊失色，或是缺少智慧与口才，那只能是手足无措，乱上添乱。因此,遇到这样的场合,首先你要做的就是保持镇静,然后随机应变,机智巧妙地应付尴尬。

对付"揭短",别急着还击

核心提示

在对付"揭短"时,切不可反唇相讥,挑起舌战,使双方之间良好的关系破裂。假如对方很明显是蓄意惹怒你,你不妨机灵地回敬他一句,然后选择离开,但千万不可大发雷霆,使场面一发不可收拾。

理论指导

揭短,就是揭示人家的短处,或吹嘘,或蒙骗。妻子、朋友、亲戚有时会开玩笑地揭你的"短",弄得你十分尴尬。如果默认,你会觉得心里不舒服;如果还击,一定会闹得两败俱伤,影响了你的形象,又得罪了别人。

在人与人的交谈中,难免会因一时恼怒而说出气话,也许对方话一出口就已经后悔,但是因为你的愤怒反应,使对方不甘示弱而与你针锋相对。因此,判断对方是无心之语时,你不妨有技巧地应对,让对方心平气和,自觉失言。

当然,假如对方很明显是蓄意惹怒你,你不妨机灵地回敬他一句,然后选择离开,但千万不可大发雷霆,使场面一发不可收拾。现实中有人喜欢揭短,抓住别人的一点小毛病,甚至无中生有,大肆渲染,企图"众口铄金,积毁销骨"。生活中,我们可能遇到如下情形:

你正在兴致勃勃地向你的朋友讲述你怎样从池塘里钓上两条大鱼。你的妻子却在一旁插话说："信他的！他钓了两天，一条小鱼儿的影子都没见着！那鱼是花钱买的！"

你正在和新结识的女友吹嘘："最近我导演的一个戏要上映了，这是我头一次独立执导，故事非常精彩，上演后一定会轰动。"旁边却走过来一个朋友："嘿，不怕西北风闪了舌头！姑娘，别听他瞎编，他哪是什么导演，只是个场记而已！"

你正在帮助你的邻居修理电视机："原因可能在大线，也可能是分辨率的问题。"这时，你的亲戚走来："嗨，他只会拆零件。前天我那台彩电，没修前能看两个频道，让他一修，只能看一个频道了！"

面对这种情况，你一定很尴尬。怎么办？这个时候别急着还击，不妨运用机智的语言来个顺水推舟，淡化这尴尬的氛围，从困境中自我解脱出来。

你可以接着妻子的话说："不错，我往池塘里扔了5元钱，那两条鱼就自动跳进我的网兜里了！"

你也可以接着朋友的话说："场记怎么啦？导演都得先干场记，不信你去问问黑泽明！"

你可以接着亲戚的话说："不同的电视机有不同的毛病，修不好你的，不见得修不好他的！"

显然，设法改变处境比保持沉默要主动，但有一点应明确：那些"揭短"的人通常是你的配偶、亲友，你不能采用气愤的话予以还击，而幽默的解嘲是最好的办法。这样既不会伤了和气，又可以让揭你短的人识趣而退。如果你急着针尖对麦芒地予以还击，那结果就可想而知了。

◇ 在对付"揭短"时的注意事项 ◇

在对付"揭短"时，尤其要注意三点：

她为什么这么说？是对我有什么不满吗？为什么不直接跟我说？……

别听你爸瞎说，他每次说的从来没做到过……

尽量不怀疑他人别有用心

对别人的每一句话都琢磨一番其潜台词、话外音，就会自寻烦恼。

都是小气的人啊。

不可反唇相讥

你小时候考试老是不及格……

有人一被别人"揭短"马上还以颜色，同样也揭起对方的"短"来，结果变成互相揭短，以致丢人现眼，还给旁人留下心胸狭窄的印象。

你还不是一样，你小时候还偷钱呢……

我弟他就这样，说了几百遍，就是不见实施……

泰然处之

遇到有人"揭短"，应保持泰然自若的风度，暂时把"揭短"抛置一边，寻找别的话题，或点起一支烟，端起一杯茶，转移别人的视线等，这才是上策。

有人听不得半句"重话"，动辄连珠炮似的反讥，常因此挑起唇枪舌剑，使良好的关系破裂。一般说来，开玩笑的人若是得到严肃的回报，脸上常挂不住。所以，我们不能为笑话失去一个朋友，甚至给人留下心胸狭窄的印象。需要注意的是，那些敢在你面前"揭短"的人，大都是朋友、亲戚和熟人，往往也是脱口而出或即兴联想，开开玩笑，根本不是存心要伤害你。

失了言要及时弥补

核心提示

"人有失足，马有乱蹄"，失足了可以再站起来，失蹄了可以重新振作，人失言了可以用妙语去弥补。但会不会及时弥补自己的失言，其结果是不一样的。

理论指导

人在生活当中，总有说话不当或做事不当的时候，发生这些事的时候，最重要的就是镇定自若、处变不惊，积极寻找措施来补救。这也是处世的一种艺术。

美国国务卿基辛格是一位成功的外交家。一次，他在接受意大利女记者法拉奇的采访时，说起自己成功的外交施政时，竟夸口说道："美国人崇尚只身闯荡的西部牛仔，而单枪匹马向来是我的作风，或者说是我技能的一部分。"

此番话一经报纸发表，马上引起轩然大波，连一贯赞赏基辛格的人们也不满于他好大喜功的轻率言论。然而，基辛格毕竟是基辛格，他不但沉住了气，还明智地主动接受采访并乘机声明：

"当初接见法拉奇是我平生最愚蠢的一件事,她曲解了我的话,拿我来做文章。"

基、法两人的话,究竟谁真谁假,外人可能一下子摸不着头脑。这就是一种转移别人注意力的方法。它可以减轻失误的严重性,但在一般情况下,应用此法应该谨慎,因为它实际上是透于人,不到万不得已最好少用,以免损失自己声誉,失去他人的信任。

失言是常有的事。此时,千万不要虚张声势,除非你遭遇的情势已牵涉到别人情感的问题。那么你应该立即承认自己犯了错误,你只要认错就不致使情况恶化,而且你很可能还有所收获。现在有勇气说"我错了"的人已经不多,因此,敢说我错了就能赢得敬重。

人总会有说错话的时候,不管你是谁,如果遇到这种境况的时候,千万别失了分寸,而应平和心态,采取补救的方法。在实践中,遇到失言这种情况,有三个补救办法可供参考:

1. 移植法

就是把错话移植到他人头上。如说:"这是某些人的观点,我认为正确的说法应该是……"这就把自己已出口的某个错误纠正过来了。对方虽有某种感觉,但是无法认定是你说错了。

2. 引开法

迅速将错误言词引开,避免在错中纠缠。就是接着那句话之后说:"然而正确说法应是……"或者说:"我刚才那句话还应做如下补充……"这样就可将错话抹掉。

将自己说过的"错话"添文减字,让意思改变,是巧妙改口的另一个招数。

3. 改义法

巧改错话的意义，当意识到自己讲了错话时，干脆重复肯定，将错就错，然后巧妙地改变错话的含义，将明显的错误变成正确的说法。

总之，补救言语失误或举止失当，应视场合而采取不同手段。灵活运用，方能百战百胜。如果拘泥形式，只会雪上加霜。

第九章

有礼有节，说话周全

——高智商让你顺利入职，高情商让你走得更远

做好自我介绍是通过面试的第一步

核心提示

面试者在介绍自己时应掌握一个技巧：在谈到自己的优点或长处时，要保持低调，不加自己的主观评论，实事求是的讲述，适可而止就好。

理论指导

自我介绍在求职面试中是必不可少的一个环节，做好面试时的自我介绍是十分重要的。如果懂得运用一些技巧，良好的语言表达再辅以准确的时间把控，不但可以完美地展现自己，而且可以加深面试官对自己的印象，这会大大提高自己通过面试的成功率。

许多面试者在面试一开始，就将自己的"光辉历史"迫不及待地一一历数，滔滔不绝，绵延万里；或者只是简短地介绍自己的姓名、身份，以及自己相关的学历、工作经历等情况，半分钟之后就无言地望着考官，等待提问或给予评价。这两种都是不明智的做法，容易给面试官留下负面印象。

在做自我介绍时，挑与面试相关的、重要的、关键的说，与面试无关的特长则不必赘述。

现实中，有些应聘者则选择把自己的全部经历都压缩在这几分钟内，从入学开始谈起，初中、高中……一直说到第一份工作以及最近的一次工作，工作的内容、自己的表现等，甚至于连家庭情况都一一介绍。

这种做法很不明智，因为介绍得过于详尽，很容易给人留下啰唆、琐碎的印象，近而让人感觉乏味，失去听下去的欲望。所以，合理掌控自我介绍的流程，既突出重点又能完整地展现自己才是最佳的选择。

成功的自我介绍应该是什么样的呢？应该保持一个放松的心态，举止大方、自然，面带微笑，用平静的语言把自己介绍给别人。聪明的应试者往往会围绕当下应聘岗位的业务范围为中心，组织自我介绍的内容。不但要让考官们明确知道你是优秀的某某某，更要把你是适合这个工作岗位的不二人选的印象深植于考官的心中。

毕业生小董在人才网上看到一家汽车公司招聘助理车用电器工程师的信息后，立即通过电子邮件方式投递了求职简历。

几天后，他收到了面试的通知。小董的自我介绍采用的方式非常独特，除了个人的基本信息外，他把个人经历总结为"1234"一组词，即：进入一所不错大学深造，两次荣获全国电子大赛奖项，三次寒暑假社会工作经历，在校连续四年担任学校电子协会副会长，他没有放弃任何一个锻炼自己的机会。

这简短的自我介绍，给考官们留下了深刻的印象。就这样，小董成功地进入这家著名汽车公司从事助理车用电器工程师一职。

自我介绍看似比较简单，就是使别人知道你是谁。但要想大大提高面试的成功率，就要做到恰到好处，这时掌握求职面试自

我介绍技巧就显得尤为重要了。

　　走进面试考场，当面试考官切入正题问你："谈谈你自己的情况如何？"如何开好这个头，如何做到在特定时间内展示自己的能力与魅力，利用这个环节获得成功的第一步，要重点掌握以下几点原则：

1. 介绍自己基本信息应有新意

在面试的自我介绍中诸如姓名、籍贯之类的基本信息可以做一个有切合新意且合理的解释，以加深别人心中的印象。比如叫赵迎春，可以介绍自己说："我姓赵，赵钱孙李的赵，因为出生在二月，所以父母取名叫迎春，意为吉星高照，喜迎新春。"

2. 介绍有条理、控制好节奏

自我介绍的叙述人条理要清晰，适当地掌握节奏，既不宜太长，也不能过于简短，让考官能听得明白。在找不到话时宁可选择结束，也要避免因一时心慌乱了头绪，避免给考官留下不好的印象。

3. 对自己的经历和爱好描述要客观

在叙述自己的教育和工作经历时，要客观描述，实事求是。有的应试者为了能给考官留下好印象，便夸大自己的优点或长处，或者表明自己有某个和工作岗位相关的爱好。适当地夸大一点自己的能力能达到加深印象的目的，但切忌吹过了头，反倒难以收场。在提及自己优点和长处时，要顺便提一下自己的缺点，这样更能说明你为人谦和、诚实的人。如果能再巧妙突出自己的优点或长处恰好与应聘的岗位有关，便胜券在握了。

4. 表决心时语气不要太绝对

很多应聘者为了表明自己加入公司的决心，往往会在最后说上一句："如果能加入贵公司，我一定……或我绝对……"等没有回旋余地的词语。这样不但不会给自己的形象添彩，反而会让人觉得你这个人不太可信。所以切忌说话太满。

5. 面试礼貌不可少

在做自我介绍前，礼貌地做一个开场白和在自我介绍结束时向面试官道声谢谢，会给你的形象增色不少。

总之，能否给面试官留下一个很好的印象，这是决定你能否获得这个工作机会的第一步。做好自我介绍，便向成功迈进了一步。

面对两难问题，不妨另辟蹊径

核心提示

两难问题难就难在有两种可能的选择，无论哪一种选择，都有利有弊，让人们处于进退维谷的困境。能否解决两难问题，体现了一个人解决问题的最高境界。

理论指导

在求职面试中，经常会遇到一些令你两难的问题。所谓两难问题，就是面对两种互有利弊的答案中选择其中的一种。从问题的表面来看，只需要自己做一个选择。其实意在考察应试者的分析能力、语言表达能力以及说服力等。在面对这种两难选择的问题时，如果能摆脱非此即彼的习惯思维，先不要急于回答，认真揣摸一下对方的用意是什么，跳出非是即非的圈子，另辟蹊径，最好采用折中的方法回答，巧妙地将划分彼此的界限模糊掉，往往结果会皆大欢喜。

清朝张之洞任湖广总督时，恰逢新春佳节，抚军谭继恂想讨好张之洞，主动设宴招待他。不料席间两人因长江的宽度争得面红耳赤，不可开交。张之洞说，长江宽七里三。谭继恂说，长江宽五里三。他们各执己见，互不相让。眼看着气氛越来越紧张，席间之人谁也不敢出来相劝。

这时候，位列末座的江夏知县陈树屏说："两位大人说得都对。长江水涨的时候宽七里三，水落的时候宽五里三。"这话给两人解了围，两人捧腹大笑。

在这个故事中，江夏知县陈树屏面对这样的两难问题，就是凭着兼顾问题的两方面、抓住问题的关键点实施对症下药的办法，从而化解了张之洞和谭继恂二人的矛盾，把问题得到了很好的解决。

因此，想要妥善解决两难问题，首先要换位思考，了解主考官的用意是什么，查出问题的"陷阱"；其次要综合考虑多方面因素，这样才能绕过"陷阱"，给对方一个得体、到位的回应。

小李去面试时，考官问了这样一个问题："依你现在的水平，应该能找到比我们公司更好的单位吧？"

面对这样的问题，如果小李的回答是肯定的，则考官会认为小李这个人心高气傲，或者会认为小李是个不稳定分子，随时可能跳槽走人，因此会印象不佳；如果小李的回答是否定的，考官又会认为小李要么能力有问题，或者就是没有足够的自信，印象依然欠佳；如果小李拒绝回答或说"我不太清楚"，则会给考官留下不礼貌或没见识的印象。总之，后面的应试者很为小李捏了一把汗。

小李却微微一笑，给了考官一个这样的回答："或许我能找到比贵公司更好一点的企业，但别的企业在对人才培养和能力提升方面或许不如贵公司重视，晋升的机会或许也不如贵公司多。所以，我觉得人应该珍惜己有的才是最好的选择。"

听完小李的回答，几位考官们不禁互相微笑着点了点头。

结果当然是不言而喻的，小李的回答得到了面试官们的认可，不但把自己置于一个有利的位置，而且还让考官们领略到他的应变能力和语言能力。

因此，在面试时，遇到考官设置的这些无论做肯定的回答或做否定的回答都不讨好的问题，只要掌握技巧，从多角度进行思考，不管是多么麻烦的两难问题，总能找到解决方法：

1. 考虑周全

由于两难类的问题其实并不如表面那样通俗易懂，也不是其中一个结果比另一个有很明显的选择性优势，所以对于这种选择题，应试者应尽可能设想各种可能进行全面分析，根据实际情况的不同选择有不同的回答方式，两者皆能兼顾则是最佳的选择。

2. 措辞严谨

在回答这种两难问题时要注意措辞的严谨性，不能为了得到这份工作就回答得太过于肯定或直接，要注意措辞的委婉和迂回。比如被问到"当工作与家庭有冲突怎么处理"时，如果你慷慨陈词"我一定以工作为重"或"不会有这种情况发生的"，这样不但不会得到面试官的首肯，反而会认为你的观点过于武断，处事不太稳重，甚至觉得你说的是空话。如果这样回答"我会处理好类似的事情，工作前会妥善地安排好家里的事情，然后安心地做好我的分内工作"会显得理由充分，更符合常理。同时，你表现出来的处理问题的能力和经验更能让人信服。

3. 保持原则

在回答这种两难问题时，还要注意原则问题。在坚持以工作为中心的原则下，又不能表现得过于冰冷，没有人情味。如果坚持以人情为中心的原则，又不能置工作于不顾，这样显得自己太没责任心。所以要二者兼顾，坚持以工作为主兼顾人情的原则。

4. 掌握回答的流程

先说明自己的处事原则，展现自己是个有原则性和责任感的人，再谈问题的解决方法，根据问题的实际情况采取不同的处理方式，最后再谈如果两者之间有矛盾，自己将如何选择。

总之，在求职面试中，遇到这种两难问题时，保持一个平和的心态，不做极端的选择。既要弄清问题的机关所在，又要把握好原则和情理的尺寸。

谈缺点的时候，要模糊重点

核心提示

当面试官问到你的缺点时，你要选择与你应聘的职位没有冲突的缺点来回答。比如要应聘销售，就不能说自己的缺点是不善沟通。否则，你就会很快被淘汰。所以，自曝己短也要曝得巧妙。

理论指导

在求职面试中，常常遇到的"机关"还有"能说说你的缺点吗？"，这种请君入瓮式的问话是面试中的常用策略。看似不经意的一句话，却暗藏玄机。众所周知，在面试时每个人都力求扬长避短，因此，用人单位在面试中反其道而行，提出让应试者谈自己的缺点，借机了解应试者的真实情况以及应变能力。

很多人面对这种令人尴尬的问题，常常会急于为自己辩护，连连摇头，并回答说没有；还有人反问："您说呢？您给我指出来好吗？"等。俗话说"人无完人，金无足赤"，说自己没缺点肯定是行不通的，如果把自己的缺点硬说成优点，除了让别人觉得你不可信之外，还会让留给面试官的印象大打折扣。

黄铭天生害羞，一开口就脸红，几次求职面试均因表现慌乱而败北。不久，他从一个同学那里得知，同学所在的公司要招聘一名经理助理，黄铭对此很感兴趣，想要再试一次。

面试初始阶段，黄铭的表现可圈可点，虽然没有前几次那么慌乱，但回答问题也不那么磕绊了。面试官抛出了"你的优点大致已经了解了，请你谈谈你的缺点"这个问题，所有的面试官把目光都锁定在他身上，等着他的回答。

黄铭稍稍思考，决定坦承自己的缺点："我最大的缺点就是不太爱说话，这个相信大家从我前面的表现也都看出来了。不过，对于经理助理的人选来说，不就需要具备守口如瓶的特质吗？同时，我也会利用在公司工作的期间，加强对自己的提升，争取做到既保守公司秘密，又能为公司做出成绩。"

这种回答，所描述的"缺点"在别的职位上可能算是缺点，但对于他应聘的职位可能就算不上什么缺点。而且，在他的回答里也含蓄地表明了自己努力上进的决心，最终求职成功。

性格上的弱点谁都有，但并不是在任何场合中都会以缺点的形式体现出来。因为缺点和优点在不同情况下会有不同的定义。比如：个性直率，这应该算是优点。但是在一些特定环境下，却会认为这种性格的人太过于浮躁，做事不懂迂回、委婉，有失稳重；生性吝啬，普通都认为这是缺点。但是在一些特定环境下，却会认为这种性格的人非常节俭。从公司开源节流的角度，应该能为公司带来相当的利益。

有时还可能会碰到这样一种情况，自己本来没有这方面的缺点，但主考官却提了这样一个问题："你说你爱好写作，可是在你的表格中有两处语法错误。这如何解释？"应聘某报记者的小柳就遇到这样的题目。"我的表格经过认真推敲，如果真有语法错

◇ 谈缺点时的注意事项 ◇

面试时谈及个人缺点，可以遵循以下几个原则：

抱歉，你这么多缺点，我认为不能胜任我们的工作！

谈缺点不宜过多，不可泛泛而谈

缺点谈论太多，容易让面试官对你的能力产生怀疑，从而导致面试的失败。

我的缺点很多，懒惰、不善言谈……

谈论缺点，重点应突出自己克服缺点的决心和行动上

说一下你的缺点。

我个性比较急，搁不住事，所以不耐烦别人参与我的工作，但是我现在正在努力克服，比如，最近我参与了××组织的耐性训练……

结合自身个性中的缺憾，说一些自己正在克服和能够改正的一些缺点，讲那些表面是缺点实则对某项工作有益的个性，既体现出了谦逊好学的美德，又正面回答了难题。

误，那必然是我粗心所致，我立即纠正，并向各位道歉。"他顿了顿，说，"不过我想知道我究竟错在哪里？"考官们笑了，原来这是故意设的一个圈套，主要是考察他的反应能力。如果小柳在面

试前没有认真做好准备，那么他很可能会根据面试官的误导，盲目地承认他们提出的一系列缺点，这样的结果就会离他求职成功的希望越来越远。

因此，在面试中介绍自己的缺点，要根据实际情况回答。这并不是要察言观色，而是要准确把握你期望供职的单位对人才素质的要求有什么特点，然后有的放矢地介绍自己的情况。如果对方所要求的恰好不是你的长项，那么你就在介绍时，侧重于描述今后在这些方面采取的努力措施以及取得重要发展的可能性。这应该比盲目地强调自己的弱势收效要好。

在面试中谈自己的缺点，恰当与否也关系到面试的成败。所以掌握一定的回答技巧就显得很有必要了，具体可以参考以下几点：

1. 谈缺点不宜过多，不可泛泛而谈

在面试中谈及自己的优点时，可以提及两三条，但缺点谈一个就好。说自己没有缺点，明显不可为；提得太多反而会自毁形象，所以，提一条缺点，既出于礼貌和诚意，又避免给人留下一无是处的印象。可以结合实例说明自己的缺点以及后面做的补救措施，更能让考官明白和理解，切忌泛泛而谈，给人留下油嘴滑舌的印象。

2. 谈论缺点，重点应突出自己克服缺点的决心和行动上

在面试中，可以先表达自己正在克服和改正行动和决心，再谈及自己的缺点，对于所应聘的职位却是有益的等。就像上面案例中的黄铭一样，既能体现积极上进的品质，又正面回答了这一难题。相似的说法还有以下几种：

"我做事的速度有点慢，那是因为我对每件事都会考虑得周详和细致一些。这对于财务工作人员来说，细致而不出错，是最为

关键的。"

"我做事太过于要求完美，喜欢给自己压力，挑战自己。可能就是因为这样，我给客户的方案，总能被很快认可。"

"朋友都说我为人处事太过于委婉，不懂直接。可我觉得，作为客服经理来讲，对待客户的态度不能太直接，温和、委婉的品质是最重要的。"

总而言之，在谈及自己的缺点时，不可重复强调自己的缺点，能把自己的缺点当作工作中的优点，或能用缺点突出自己的优势则是最好的选择。

如何处理同事间的流言蜚语

核心提示

在职场一定会存在流言蜚语，面对这种情况一定要不理不睬，清者自清，这是职场人的明智之举。

理论指导

流言是职场中的"软刀子"，给团队的和谐带来相当大的危险。传播流言蜚语是职场上的大忌，有些人却不自知，还乐此不疲。当同事们纷纷对其避之唯恐不及时，即使凭借各种小道消息一时成为大家眼中的红人，但对于这种人没有人愿意付出真心。

要应付这样的办公室流言，要学会机智，要学会适当收起自己的好奇心。真正聪明的人，会懂得尽量避开别人的隐私，面对办公室流言蜚语，让自己置身事外，不给自己机会面对别人隐私被识破的尴尬，这是错综复杂的人际关系中不可忽视的环节。

◇ 如何处理办公室中的流言蜚语 ◇

不要说了，这是人家的私事！

哎，听说……

背后不论人是非

在办公室工作要有职业精神，不要参与八卦新闻的制造活动，也不要听别人跟你散布八卦新闻。

不谈私事

不管你的故事多么精彩，不管你的私人生活多么丰富，也不要在办公室内广而告之，那些同事并非你的忠实听众。

听说你离婚了？

这是我的私事！

　　方敏是个单纯的女孩子，大大的眼睛，白净的面孔上每天都挂着微笑。刚刚大学毕业，22岁的方敏顺利进入了某商贸公司，成了一名文员。没有任何工作和社会经验的她，很希望尽快和大家打成一片，谁知不幸被卷入了办公室的流言蜚语中。

　　其实，公司的业务还是非常繁忙的，大家整天都忙忙碌碌。不过，方敏发现，忙碌的工作好像并不妨碍同事们喜欢聊些飞短流长。方敏明知道这样做不对，但是作为新人她觉得不便当面制止他们。所以，在同事们闲聊一些八卦时，她只是安静地坐在一边。

前不久，同事们在八卦老总是个吃软饭的家伙，公司现在的一切都是依赖老总太太娘家的支持。方敏听着他们的言论里夹杂着一些嘲笑声，心底里觉得厌恶到不行。正在这个时候，办公室里出现了老总那张生气的面容，那群人尴尬地各自散开。从此，老总再看到当时在场的几个人，都是一副冷峻的表情。

虽然方敏并未参与这场"八卦论"，但由于自己坐得太近，让老总产生了误会，这无疑让方敏刚刚开始的职场之路布满冰霜，她心焦不已。不过，她没有急于向老总解释，而是在以后的工作闲暇时刻意和爱说是非的同事保持距离。比如午休，纵使一个人百无聊赖地趴在办公桌睡觉，也不再当"旁听者"。

渐渐地，老总终于开始信任方敏，不再对她冷眼相待。而那些同事却因再一次无中生有，超越了老总心理承受的极限，提前解除了他们的劳务合同。

身在职场，一定不要做流言的传播者，这不仅关系着个人素质问题，还影响到个人在公司的前途。方敏在这场流言风波里，之所以能明哲保身，就是因为她面对同事间的流言蜚语，坚定自己的价值观，选择了远离流言和是非，这样她才能走得更远。

在职场中，有的人对于制造流言蜚语乐此不疲，经常发起事端，攻击他人，以满足自己的虚荣心或复仇心理，给被伤害的一方带来生活和工作上的阻力和灾难，严重的还会发生悲剧。

如果你自己不幸成为流言蜚语的对象，面对办公室里传得天花乱坠的流言，一定要静下心来冷静分析，找出对方传播流言背后的动机，针对叵测的用心，主动出击，阻止流言的继续传播，以免给自己造成困扰。当然，你也可以借着流言，达成自己的目标。

有一天，小玉放低声音告诉小瑾："公司里都在传，说你嫌这里待遇不高，一心想跳槽。好像老板也知道这件事了，你要当心啊。千万别说是我告诉你的。""工作是否努力，老板自然心里有数。我不会太较真的。"小瑾不以为然，"最近的确有人来找过我，问我是否有跳槽的意向，还向我推荐了几家薪水待遇都不错的公司。我说，公司领导待我不错，我还要好好考虑考虑……"后来，老总找小瑾谈了一次并给她涨了工资。

事实上，小瑾自己并没有与任何猎头碰过面或通过话，是否真有猎头打电话到公司也不得而知，只是小瑾机智地利用流言达到了要求领导涨薪的目的。

身在职场中的你，面对办公室的流言蜚语，必须从容、淡定，让那些谣言自我平息，具体有以下几个方法可供参考：

1. 背后不论人是非

有的职场人士有背后论人是非的习惯，而相比较于谈论对别人的赞许和欣赏，往往更热衷于谈论别人的"非"，拿别人的短处或缺点大加渲染，往往最终导致自己被别人所孤立或排斥，得不到别人的真心。所以，在办公室这个流言滋生的场所，应深知职场难混，小心处事的道理。所以在与同事交谈时，不在背后说第三人的是非长短。

2. 不谈私事

同事不同于同学或朋友，所以不应该把办公室当作诉苦的场所。职场上总会有一些人，喜欢探听别人的私事，让你觉得是出于对自己的关心，事实上，没有人能够严守秘密，对你表示同情之后再宣扬给别人，这样你就不幸成为流言中的主角。所以，当自己工作或生活上有了问题，应该尽量避免在办公室里和别人分享。为了保证自己隐私的安全性，还是不要拿私事作为与同事交谈的谈资。围绕时事、影视或其他与工作无关的事展开交谈，不但不影响同事之间的交情，而且不会影响到自己的生活。

总之，在面对同事间的流言蜚语时，最重要的是要坚定自己的价值观，把自我价值与别人的看法和行为分开，自己认为是正确的，就不要被流言蜚语所左右，否则容易失去属于自己的好机会。

怎样寻求同事的帮助

核心提示

请求同事，要注意语气。虽无须低声下气，也不能态度傲慢，尽量用协商的语气。同时，也要理解对方的难处、体谅别人的心理。当对方不能答应自己的请求时，也不能表现出抱怨和怨恨的情绪，更不能恶语相加。这样做，无疑堵死了自己求助的通道。正确的做法应该是礼貌地道谢，并安慰对方说："没关系，给你添麻烦了"或"没关系，我再找别人看看。"

理论指导

每一个人在单位都希望自己的表现比别人优秀，因此，有的人把向同事求助就当成了示弱的表现；有的则因为不懂向同事求助的技巧，而被对方所拒绝，因此无法达成所愿。这两种人不但苦了自己，还因为做得不尽人意而可能得到上司的批评。

在日常的工作中，想要把事情做好，同时拥有好的人际关系，在所有的办法当中，最有效的一种办法，就是寻求同事的帮助。

职场中尤其注重团队的力量，所以这个办法最为奏效。但怎样开口向同事求助便成了一个很重要的问题。

1. 请求同事帮忙，要有诚意

同事之间相处的时间较多，相互的了解也比较深。因此，在寻求同事办事时，要开诚布公，把事情坦率地说出来，让同事察觉到你对他的信任，而不要欲言又止、故作神秘，让对方产生一种不被信任的感觉。这样什么事也办不成。

某单位为提前完成生产任务，给每个车间都下达了硬性指标，要求工人每天加班三小时。在车间里有几个老工人，依仗资格老，对于生产班长的通知不理不睬，班长只能无奈地向车间主任求助。

了解了情况后，车间主任找到那几个老工人，做了一番推心置腹的谈话，最后轻轻地说了一句："我现在真的很为难，几位老师傅你们看这次能不能帮我这个忙，完成厂里下达的任务？"

原本态度还很强硬的老工人听了这句话，纷纷表示："主任，你放心，决不会让你为难。"说完就走上了自己的岗位，保质保量地完成了各自的生产任务。

由这个故事不难看出，一句充满诚意的恳求，往往比一大通道理更能打动对方。因此，寻求同事帮助，一定要充满诚意。态度越诚恳，获得帮忙的概率越大。

2. 寻求同事帮忙要讲究礼貌

同事关系很微妙，因此，在寻求同事帮忙时，一定要用礼貌客气的语言征询对方的意思。比如："你看这事你方不方便帮个忙？""劳驾，能挪一下位置，让我过一下吗？"或"什么时候有空，教我一下行吗？"面对这样的请求，一般情况下，同事在感

◇ 寻求同事帮助的注意事项 ◇

这是拿我当小弟吗？还让我倒水！

李明，去给我倒杯水吧！

自己的琐碎事尽量自己去办，这样的事求同事帮忙会使人感到你以老大的身份自居，不把同事当回事，这样既可能耽误事，又会影响同事之间的感情。

李明，你能帮我在你们部门打听一下……

不行，这是我们部门的机密，不能告诉别人！你不要让我为难！

和同事利益相抵触的事不能寻求同事帮助，即使该利益涉及的是另一个同事。

求同事帮助的过程中，只有注意这些，才能既维护了同事关系，又能把事情办成。

受到你的尊重时，在力所能及的情况下都会答应你的请求的。几句客套话，能省去许多麻烦，而且会因此和对方加深交情。同事帮忙结束后，也不要忘记表达自己的感激，多说几句谢谢，让对方心里得到安慰。

小钰是广告公司的一名职员，最近关于一家客户的广告策划，一直没有特别好的创意。在苦思无果的情况下，她向同事小琳寻求帮助，希望小琳能给予自己一些建议，以拓宽自己的思路。

她来到小琳的身旁，开口说："小琳，你看这个策划，我一直没能突破，你在这方面是高手，所以想请你帮个忙给我一点指示。"

小琳笑笑说："指示哪敢啊，你也是这方面的高手呢。"

小钰看对方没有明确拒绝的意思，于是赶紧说："小琳，这个策划非你不可了。不然，我真的死定了。"

"好吧，我把手上这个保存下，一会儿帮你想办法。"小琳向小钰说。

结果很明显，小琳答应了小钰的要求。可是如果小钰开口就向小琳说："你帮我把这个策划弄一下。"那么，结果可能就截然不同。因此，寻求同事的帮助时，要注意礼貌用语。

3. 寻求同事帮忙不能强加于人

寻求同事帮忙，要根据同事的身份和实际的情况来确定寻求的对象。要明确对方办这件事没有太多的难度。只有这样，才能提高对方答应的概率。否则，不但会让对方很为难，也会因此让双方关系变得更尴尬。

小芳新入职两个月，和同办公室的小灵关系处得不错。在月末领薪之后，小芳想买个苹果手机，因为还在试用期，工资不够。于是，她不顾小灵要寄钱给家中生病的母亲，而是说："你先把钱借给我用一用，下个月你再一起寄回去嘛。"这个提议遭到了小灵的断然拒绝，她向小芳建议："你可以把这个月的钱存一存，下个月攒够了再买。而我母亲还在等我的钱买药，所以很抱歉，我不能帮你。"

这件事情以后，小芳和小灵再碰面时总是有些尴尬，小灵总觉着没帮到朋友而抱歉，小芳则为小灵不帮自己而生气。慢慢地，两个人就越来越疏远了。

因为小芳不顾忌小灵的实际情况，贸然向小灵借钱，自然无法达到自己的意愿，也因为自己寻求同事帮助不得其法而使自己与同事关系疏远，她日后的职场之路恐怕要走得艰难一些。

总之，在职场中每个人都可能会遇到困难。别人让你求助时，要施以援手，求别人办法时自然也不会遭到拒绝。保持求助心态，好的态度，多用几个"谢谢、抱歉"，人际关系自然就融洽了，求人办事也更容易达到目的了。

向上级汇报工作，要说到点子上

核心提示

下属在给老板汇报工作的时候，应该把自己较为熟悉的情况作为突破口，抓住工作过程和典型事例详细加以分析、总结，表达清晰、有条理。掌握汇报中的这张"王牌"最能反映出你工作的质量。

理论指导

任何一个上级都比较看重两样东西：一是他的上级是否信任他；二是他的下属是否尊重他。作为上级来说，其判断下属是否尊重他的一个很关键的因素，就是下属是否经常向他请示汇报工作。

经常向上级请示汇报工作，让领导知道你的工作内容和效果，不仅显示出你对他的尊重，而且也可以很明确证明你的工作能力。因此，在向上司汇报工作时要持谦虚、谨慎、不骄不躁态度，用不卑不亢、平缓的语气陈述工作的内容。尤其在汇报之前，应先拟好汇报的主要内容，不能太简单，也不能太啰唆，关键是要说到点子上。

一天，某建材公司的销售员小冯从一个用户那里考察归来，马上就敲响了经理的办公室。

"情况如何？"经理劈头就朝小冯问道。

小冯坐定后，并没有急于回答经理的问题，而是心事重重地叹了口气。经理见小冯的样子，大概猜出了情况可能于公司不是很有利，于是换了一种方式问道："情况糟到什么程度，有没有挽救的可能？"

"有！"这回小冯回答得倒是十分干脆。因为他十分了解经理的脾气，如果直接将不利的情况汇报给他，经理肯定会不高兴，搞不好还会认为自己工作不力。

"那谈谈你的看法吧！"

小冯这才把他考察到的情况汇报给经理："通过这次考察，我了解到这个客户已经和另一家公司签订了购货合同。"

"竟然这样！那你认为该怎样做？"

小冯听到经理的问话后，胸有成竹地说："我是这样想的。我们公司的产品相比那家公司的产品有着自己的优势，不但质量好而且有价格优惠，在周边城市已经有一定的知名度。"

"等等，那为什么客户还要和另一家公司签购货合同呢？"经理挥了挥手，打断了小冯的汇报。

"嗯，情况是这样的。该客户虽然前期和我们一直有合作，这次和那家建材公司合作的主要原因在于那家公司离他相对较近，对方还提供送货上门服务。对于客户来讲较为方便，而我们在这方面可能有所欠缺。因此，我认为要想改变这种不利的条件，我们应该利用自己的优势来改变，如果我们能到每个客户周边地区设个点，找个代理商。这样，再凭我们之前获得的口碑，问题就应该能够解决。"

"你小子想得真周到，不但了解到问题的所在，还想到了解决的方法，如果大家都像你这样善于发现问题，并解决问题，公司发展就更好了。"经理不无赞许地拍着小冯的肩膀说。

"您太过奖了，为公司着想，是我们每个人的责任。那您先忙，我就不打扰您了。"在经理的注视中，小冯平静地离开了他的办公室。

不久，小冯被提升为经理助理，专门协助经理抓产品的营销，而公司的产品销量也不断节节上升，小冯越来越受到公司的重视，很快就独当一面。

无论哪个上司，在听汇报时都不可能一言不发。大多数的上司在听取工作汇报时，喜欢提问，因而可能会打乱汇报的程序。此时，应该暂时把汇报的内容停下来，耐心地回答上司的提问。不要因为工作没有汇报完，怕失去表现的机会，而在回答上司的问题时显露出不满或抱怨的情绪。

其实，上司能提出问题，也是对自己工作重视的一种表现。要知道，自己所面对的是上司，而不是下属。因此，向上司汇报工作时要保持一种谦虚谨慎、稳重成熟的态度。在语气上，应用平和、舒缓的语气，尽量避免慷慨激昂或因过于激动而使言语杂

◇ 汇报工作要删繁就简 ◇

　　无论是做口头汇报，还是书面汇报，你都必须注意删繁就简。因为它不仅是一种技巧，还是一种原则。

不错，简单明了！

将文章写得简练些

　　以书面形式向老板汇报工作，需要将可有可无的字、句、段删去，减少麻烦。

问什么答什么

　　以口头形式向老板汇报工作，必须掌握问什么答什么的原则，不做无谓的拓展与渲染。

我只是问个结果而已呀！

切忌借题发挥

　　汇报工作时，不要随意借题发挥，这会让人感到思维混乱，思路不清，不知所云，有哗众取宠之嫌。

不知所云！

乱无绪。

因此，不难看出，向领导汇报工作也要掌握一定的技巧。想让领导对你的成绩表示肯定和赞许，就要在汇报工作上下功夫。想把汇报工作做得恰到好处，应该从以下几个方面做起：

1. 思路要清晰

在向领导汇报前，应该对汇报过程和语言的组织做好梳理。对于问题应该如何说，必须做到心里有谱，否则就很难打动领导。

同样是一句话，很可能因为请示的方式不同出现不同的结果。由此可见，想要达到想要的效果，其实质就在于说话人是否掌握了对方思维的方向和关注的重点。

2. 删繁就简，把握汇报的重点

无论哪一种工作都有其重点。因此，在向领导汇报自己工作的时候，把一切不必要的话省略，应该注意每次汇报只强调、突出一个重点，这样做有利于领导理清思路，迅速对你的工作能力做出决断，而且还能使领导对你的能力或效率一目了然。

3. 把握汇报时机，并在汇报结束后请领导点评

在向领导汇报工作前，应该选择一个恰当的汇报时机，以避免在领导工作忙或心情不佳时成为领导排斥的对象，适得其反。另外，在工作汇报完结时，正确的做法是主动提出让领导给予评价和点评，无论领导给出什么样的评价都应该虚心、诚恳地接受。而不是在汇报结束后一走了之或对领导的批评指正表现出抗拒、生气的态度。这对于日后的工作开展都是不利的。

总之，在向领导汇报工作时，应该提前做好汇报材料，尽量做到每一句话都说到点子上，让上司从你的汇报中慢慢加深对你的信任和赏识。

巧用激将法

核心提示

运用激将法时不能忽略了说话的情感。如果别人好面子又特别讲究分寸，不妨从正面恭维入手，对方会因为虚荣而顺从你的意图。

理论指导

在日常的工作交际中，常常能遇到不少固执的人，这种人往往认定一条死理，凭你如何磨破嘴皮，还是一样我行我素、一意孤行，甚至钻牛角尖；又或者因为自己较为内敛，不善于提出自己的要求或看法。面对这些情况，不妨改变一下策略，说不定就会"扭转乾坤"。

在加薪这个问题上，大多数人遇到这类问题总会很纠结。一方面担心，万一和老板谈不拢，说不定会因此丢了饭碗；另一方面如果不开口，自己又难免会觉得委屈和不平衡。因此，和老板谈论类似这样的问题，就需要以自身能力做后盾的同时，讲究一点谈论技巧。

半个月前，李俊跟随老板出差去某客户那里考察，从客户那里出来，老板带着李俊到酒店附近的一家咖啡馆，两人在安静的地方，对于未来与该客户洽谈合作项目的细节做讨论。在工作接近尾声时，他们的话题不知不觉转向彼此的生活。

老板谈起自己从大学时代到当下的经历，言语间充满对人生奋斗不易的感叹，气氛一时很是亲和。李俊听了，也就此提及曾有家公司以高于目前的薪水挖他，但被他拒绝了。

老板听了很惊讶，李俊随后说起自己工作以来，一直让他留恋的是目前公司融洽的团队合作氛围，从老板到职员，配合相当默契。如果离开这样一个有亲和力的团队，仅凭个人能力，也几乎谈不上什么发展。尤其是老板的宽容和担当，更让他觉得个人的职业规划是和公司的发展规划是相互依存的。因此，他婉拒了那家开高薪的公司。

听了李俊一番话，老板大为感动，拍了拍他的肩膀说，"公司有你们一定会大有希望"。

"但是，"李俊接着说，"如果一直用低于行业标准的薪水来证实自我能力，我的心里可能会有些不平衡。所以我希望您能考虑适当地加薪以证明我的能力。"老板听到这里说，会认真考虑他的意见的。

结果，在出差归来一周后，财务部通知了李俊加薪的消息。

通过这个故事可以得出，在一些情况下适当地运用激将法向老板提出加薪的问题，也是一个非常不错的方法。

激将法是在利用老板的自尊心和好胜心理的积极面，采用让对方有相同感受的语言对他们进行刺激，从而使老板顺利地答应自己的要求。

但是，不是对任何事情、任何人都能运用这种方式取得好效果的。如果运用不当，反而会伤害到对方的自尊，导致对方的逆反心理，影响彼此的同事关系。

在现实的工作中，运用激将法是为了激起对方的感情冲动，从而答应自己在平常情况下不太可能答应的要求或事情。要运用好激将法，在实际的运用中就要注意以下几个方面：

1. 要注意运用的时机

俗话说"请将不如激将"，但要想激对方也要把握一定的时机。如果时机不合适，比如上例中李俊要求加薪时正赶上老总为拉不到业务心烦的时候，那么他的那番肺腑之言就会被老总当作"落井下石"的证据，很容易激起对方的愤怒情绪。如果选择在出差结束后回到公司再向老板开口，那么又有"邀功请赏"之嫌，对于这样的职员，老总肯定会心生戒备，而不会感动。

2. 要注意激将的对象

运用这种方法要因人而异，不能对任何人都一概而论。在运用这种方法前，要充分了解自己所请求的对象，针对对方的特点，选择适当的语言激发对方的自尊心，因此，就不会存在答不答应的问题，而是应该或必须答应。

3. 要把握语言的分寸

想要激起对方的情感冲动，就必须使用能刺激到对方的语言。在实际操作中，要对运用这类语言有分寸感，应建立在正确的出发点上，充分体现出对对方的尊重、信任。不相关的语言应少说或不说，避免语言过于尖锐、刻薄，这不但会让对方反感，而且会认为是一种讥讽或挖苦。

总之，在运用"激将法"时，只要注意把握好语气的分寸和感情色彩，把褒贬抑扬有机地结合起来，就能够让话语达到出奇制胜的效果。

第十章

容颜的乍见之欢，聊出来的相处不厌

—— 巧言妙语，和谐家庭幸福多

向恋人道歉的语言技巧

核心提示

当你犯错了，请记得用负面形容词描述你所犯的错。

理论指导

彤与周是大学同班同学。在一次大学生辩论会上，周敏锐的思维、犀利的语言、雄辩的话语俘获了彤的芳心。大学毕业后，他们又选择在同一座城市工作。正当彤怀着迫不及待的心情准备与周共同走进婚姻时，彤的朋友却告诉她：最近，她经常看到周与一个很漂亮的女孩子在一起。

为此，彤指责周对爱情不忠贞，见异思迁。周解释说：那是他表妹，她刚来到这个城市没有朋友，自己只好帮助她找房子，找工作。可周根本不信，还说周在继续欺骗她，并闹着要与他分手。深爱着彤的周当然不愿失去心上人。

于是，周对彤说："你怎么不想一想呀，除你之外，我真想不出有第二个愿意与我恋爱的。你瞧：我老气横秋，长相也不好看，写尽了人生的沧桑和苦难；再瞧我这条件，一下子就容易让人们联想到是刚经过重灾的困难户，我现在最向往的是如何尽快脱贫致富，以报小姐的知遇之恩，哪敢花心哟。"

一席话说得彤转怒为喜，忍俊不禁。

周的这番道歉实则是爱情表白，可谓妙语连珠，谐趣横生。究其原因，其用词的"错误"起着极大作用。两个人发生争执时，男方可以采用这种自我贬损的方法来达到取悦女士的目的，这样她的怨气会立刻消散。

人非圣贤，孰能无过？有过就要道歉。现实中，很多男人做了错事情，在向恋人道歉时，只会反复说"对不起""我错了""原谅我吧"。这样会让对方认为没有诚意。掌握道歉的语言技巧，更容易得到对方的原谅。如果你学会运用下面道歉的语言技巧，效果将会不错。

1. 先说你很抱歉

当你先说你很抱歉的时候，简短地向对方说你抱歉的原因，不要做任何解释，越简短效果越好，越能得到原谅。

2. 认真倾听他（她）的反应

当你说抱歉，表示你在意对方的感受，愿意听对方表达他（她）的感受。对方表达完了，千万不要解释或争辩。如果对方还有更多话要说，就让他（她）说个够。只要你尽力而为地忍耐就好，一时的忍耐可以避免很多的不愉快。当然，对方在发泄完后，也会原谅你。

3. 用负面形容词进行解释

当你犯错了，请记得用负面形容词描述你所犯的错。人心都是肉长的，当你自知错处，并表现出改正错误的诚意就能得到原谅。女人对于男人用这些负面形容词来道歉，永远不嫌烦。

恋爱中，女人总是喜欢被男人哄。很多时候，发生争吵都是源自生活琐事，可就是这些小委屈一旦被激化就是个大麻烦。事实上，大多数女生只是想以此得到男方的重视和疼爱，想让自己在意的恋人多哄哄自己。所以，争吵的时候纵使男方觉得没做错什么，如果放低姿态，主动认错，真诚道歉，肯定能换来女方的谅解。

总之，恋人之间，只要勇于道歉，就会得到谅解，这样的互敬互让，才能迎来甜蜜的爱情。

掌握与恋人交谈的诀窍

核心提示

因为异性之间的关系非常微妙，也很难处理，稍有不慎，就有可能恋爱失败。因此，与恋人交谈时言语要说得巧妙又谨慎。

理论指导

同恋人交谈是需要技巧的，这直接决定你们以后感情的发展。它能使自己丰富的思想、微妙的心声用妥帖的话语表达出来，和对方的情感碰撞，擦出爱情的火花，享受甜蜜而美好的爱情。

男女交往是一门复杂的学问，也是一个难题，正如恋爱没有固定的模式。异性之间的关系非常微妙，也很难处理，稍有不慎，就有可能导致恋爱失败。因此，与恋人交谈时言语要说得巧妙又谨慎。

张东和女朋友认识不久，两人的关系正处于朦胧阶段，很多话不能直接说。因此，张东每次想约会女朋友时，总是说："你要回家，还是去吃消夜？"他绝不会说："你要去吃消夜，还是回家？"

张东的确很了解女性的心理。若头一句话"你要去吃消夜吗？"她就会有警戒心，接着再说："还是要回家？"万一对方保

持沉默，不就等于要回家嘛。大部分女性都不好意思说："我愿意去吃消夜。"

因为当女性听到"你要回家吗？"就会有安全感，同时也会有轻微的失望感。因为她潜意识里会期待对方有别的提议，因此，再添上一句"还是要去吃消夜？"刹那间，失望感全失。假定她不回答，而保持沉默，便是答应的一种表示。

男女交往只有了解了对方的想法，才能自如地交谈，从频繁的交谈和接触中察言观行，相互间一定会有更深的了解，从而进入热恋的阶段。

常言说得好："女人心，海底针。"确实，女人的心变化多，让人捉摸不透，使大多数男性追求者无从下手，错失良机，或半途而废，功亏一篑。在恋爱期间的男人，应细心洞察女孩的心理，运用高超的技巧，抓住女人的芳心，摘到诱人的爱情之花。

一般来说，恋爱过程中，男女交谈要注意以下技巧。

1. 自然大方，不拘谨

在中国，由于长期以来传统观点和习俗影响，有些男女在交往中往往显得拘谨，不自然。交谈起来自然也是小心翼翼，甚至怕影响自己在对方心目的印象，讲话时忸忸怩怩，给人做作之感。因此，男女的交往要坦率、自然。

2. 慎重选择话题

恋爱中的男女各有自己感兴趣的话题，选择交谈话题也应注意对方的兴趣。一般来说，男性喜谈政治、时事、工作、运动等，而女性更愿谈歌星、电视剧、孩子、购物等，如我们与异性交谈，只顾谈自己感兴趣的事情，而这些事情有可能正是对方感到非常讨厌的，则会令人不悦。

夫妻之间谈什么，怎么谈

核心提示

夫妻间，只要双方能以诚相待，加强自我修养，注重说话艺术，就能够妙语泉涌而不伤感情，通情达理而永葆爱情的春天。

理论指导

在谈恋爱时，男女双方都很注意自己的语言表达，说话总是"想着讲"，生怕自己的话讲得不得体使对方不愉快。可是，结婚之后，有人便认为大功告成了，该松口气了，说话不再讲究艺术和技巧，而是变得放任自流，无所禁忌。

谈恋爱时，他们说："亲爱的，请把门关上好吗？"而结婚后，他们却说："喂，关门！"有时候还带着一种令人不愉快的语气。这样一来，原先甜蜜的爱情，便让位给了不愉快的信息刺激，家庭的矛盾、婚姻的裂缝自然也就产生了。如果不及时调整、修正，婚姻就会向更坏的方向发展。

婚后不注意语言交流艺术，是绝大多数家庭成员之间产生误会、矛盾，以致反目的极其重要的原因之一。夫妻之间无论谈什么，都要以诚相待，只要付出你的真心，哪怕是平常之语，也能产生出不平常的情感效果来。

一对夫妻周末在家做晚饭，他们有如下对话：

妻子："老公，你看我做的这道菜看起来如何？"

丈夫："这道菜色香味俱全，你真行，成了烹调高手了。"

妻子："我初次做这菜，味道也许不怎么样。真难为你把它全吃了。你可真是我的好老公。"

丈夫："老婆，你辛苦了，你就给我一个机会，让我来洗碗吧！"

以上几句话都是夫妻交谈的平常之语，但都会产生加深夫妻感情的效果。一般来说，夫妻之间，当一方在付出感情的同时，另一方也给予了相同的快乐。换言之，给对方快乐是自己的义务，言语之间要表达出情意来。

夫妻之间只有不断地创造情感生活的新内容、新形式，才能保持爱情之树常青。爱情存在于双方不停的创造活动之中。语言交流，就是创造的重要内容和形式。一般来说，夫妻之间可能多谈以下话题。

（1）共同聊聊恋爱时的美好时光。常常回忆恋爱时两人在一起谈话的情形，在婚后仍然需要表现出同样程度的爱意，尤其要将你的感受表达出来。

（2）夫妻之间可聊一些对社会发生事件的看法，你有时主动地发表一下自己的观点，可以让你的爱人更加了解你，你若说得很有道理，会让他／她感觉你很有智慧，他／她会更加爱你，珍惜你，佩服你。

（3）夫妻之间有时在一起可以说一些绵绵的情话，时常主动对你的爱人表达你的爱，让对方知道你爱他／她，他／她也会更珍惜你，更爱你。

（4）若你们有了孩子，可以时常以如何培养孩子为话题，来沟通、交流感情。孩子是夫妻爱的结晶，所以可以围绕孩子，来交谈一些话题。但你也要扮演好你的角色，不要因有了孩子，而对爱人缺乏关心和照顾，对孩子和爱人你要做好如何分配爱。

（5）常对爱人说笑话，谈些幽默逗趣的话语，这样你们更快乐，因而要努力营造快乐、轻松的气氛。可以和爱人说说笑笑，玩玩闹闹，如同孩子般可爱，可以和爱人一起玩耍，一起郊游，这样是多美好的生活啊！

（6）夫妻双方可以聊一些兴趣爱好方面的内容。比如你老公喜欢下棋或打球，你可以向他请教如何下棋、打球，也许你不喜欢这些爱好，但你可以请教你老公擅长的兴趣爱好。

（7）聊聊工作上的事情。夫妻双方一起聊聊各自工作上的事

◇ 夫妻之间谈话的三种忌讳 ◇

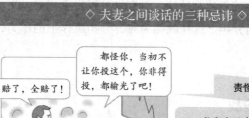

责怪的话

　　长期生活在一起的夫妻，就会发现对方的不足。要体谅对方，不要在人前责怪，因为这会引起其反感和不快，如同火上浇油。做错事本来就后悔，责怪势必会伤害夫妻感情。

谎话

　　相互信任是爱情巩固的基石。以诚相待，不说谎话。生活中因一句谎言而引起隔阂和产生激烈矛盾的事例并不少见。

绝情话

　　婚姻是一件十分严肃的大事，是两个生命的以身相许。说者无意，听者有心。伤心话、绝情话、恶毒话，会让两人之间产生隔阂。

情或者工作上碰到的难题和烦恼，对方也可以提点建议，出出主意，喜怒哀乐共同分担。这样既能为对方分担工作上的压力，又能加深感情。

如何破解夫妻冷战

核心提示

化解夫妻冷战时，只要一方能针对矛盾的具体情况，采取相应的沟通方式，巧用言语，就可以尽快打破僵局，让家庭生活恢复往日的欢乐与和谐。

理论指导

两口子过日子，免不了磕磕绊绊。当夫妻间发生矛盾时，有些人会大吵大闹、争论不休；还有些人沉默不语，不会大吵大闹，又不想主动认错，时常陷入冷战的局面，这是最令人感到压抑和难受的。

有对夫妻吵了一架，妻子一连几天不理丈夫，还写了离婚申请，要丈夫签字。丈夫感到事情有点闹大，想打破僵局，但不知如何破解。这时，丈夫忽然接到报社一封退稿信，里面有一张没填姓名的退稿笺："××同志，来稿收悉，经研究不拟采用，特此退还。谢谢。"他顿生灵感，在退稿笺上填上妻子的姓名，连同离婚申请书一并退给了她，妻子拆阅，"扑哧"一笑，柔柔的拳头落在他身上："你这个鬼精灵！"

丈夫的这一举动着实令人佩服。他灵机一动运用如此高明的方式，化解了和妻子的矛盾。在各种处理夫妻矛盾的方式中，心理学认为用"冷战"来折磨对方最有杀伤力，很多婚姻因此破裂。"冷战"的危害如此大，那么我们应该如何破解呢?

1. 主动认错求和

如果一方意识到发生矛盾的主要责任在自己，就应主动向对方认错，请求谅解。如:"好了，这事是我不好，以后一定要注意。这件事是我考虑不周，责任在我，我赔不是，你就不要生气了，气出病来，可不划算!"对方听了，一腔怒火也许立刻就烟消云散。退一步说，即使错误不在自己一方，也可以主动承担责任。

2. 打电话向对方道歉

如果当面讲难以启齿，而在电话里讲，双方都比较自然、方便，也可以通过其他话题进行沟通。夫妻生活在一起，家务事总是有的。上班时，你可打一个电话给对方，以有事相商来引发对话。此种方法既考虑对方乐意接受的内容，又给了对方发表意见的机会。如果打电话也找不到话题，你还可以通过发短信主动向对方示好。

3. 留下退路

小两口吵闹，妻子的绝招之一就是抓上几件衣服或抱上孩子回娘家。此时当丈夫如果不冷静，在盛怒之下火上浇油，送上句"快滚吧，永远不要回来"之类的伤人话，只会将争执进行到底，加深双方的冲突。

反之，当你觉得妻子离家出走已成定局时，如果施些补救之计，如追妻至大门外:"你走了我怎么生活!""等一等，我去给你叫辆出租车!""就当今天是星期天吧，明天就回来!"如此等等，话说到点子上，常能打动对方的心，即便是她走了，但感觉总是不一样的，为她的回归留下了余地。

4. 求助示弱

在化解冷战中，女方"示弱"也是一小招。如早晨或晚上表现出不舒服、不想动、吃几片小药什么的，都能引出丈夫的话题。因为男人在关心妻子时开口，这绝不是屈从的表现，不会有损于大丈夫的形象。

当然，男方也可以主动开口化解冷战。早晨起床时，已经几天没与妻子说上一句话的丈夫问妻子："你给我洗好的那件白衬衣放到哪里啦？"早已想和丈夫恢复正常的妻子见有了台阶，忙着应声："你这个人呀，总像客人似的，衣服放在哪儿都不清楚，我去给你拿来。噢，对了，昨天还给你买了件新的，只是忘了告诉你。""是嘛，快拿来看看，还是老婆心里有我，斗气也没有忘了冷暖。"这一来一去，关系自然就好了。

5. 幽默和解

开个玩笑是打破僵局的最佳方式。比如说："你看世界上的冷战都结束了，我们家的冷战是不是也可以松动一下？""瞧你的脸拉那么长干什么！天有阴晴，月有圆缺，半月过去了，月儿也该圆了吧！女人不是月亮吗？"对方听了大多都会"多云转晴"的。

父母吵架时的劝说艺术

核心提示

身为子女遇到父母不和，最重要的是当好中间人，在任何家庭中，父、母、子女三者的关系总是最亲密的。在父母的争执中，子女就处在一种特殊的地位，具有其他人无法替代的优势，有利于做好双方工作。

理论指导

世间最美满的家庭也难免存在矛盾，天下最亲密的父母也难免发生摩擦，遇到父母闹矛盾，甚至公开吵架时，身为子女的你应该怎么办？

徐先生的父母争争吵吵经历了三十多年，父母的感情并没有因为争吵而出现大的变化。父母之间有些小摩擦、小矛盾，他都觉得是很正常的事情，只要没有原则性的、大是大非的问题，都不会去管他们吵架的事情。当父母吵架时，他总是却把自己置于局外人的地位，对父母的争吵毫不过问，熟视无睹。他要么出去，要么就干自己的事，只当没发生。他认为如果参与父母的争吵，容易影响自己的心情，所以干脆不管。

案例中徐先生对于父母争吵一律不管的行为不是很可取。有的子女有意或无意地站在父亲或母亲一边，指责对方，这样只能使父母与子女的三角关系更加趋于复杂化。有的子女不分青红皂白把父母双方都责怪一通，简单地各打五十大板，两人吵变成三人吵，显然这种方式只能让矛盾升级。

大多数情况下父母之间的拌嘴是不需要干预的，因为共同生活了一辈子，产生摩擦难以避免。但如果争吵出现了冲突，子女还是应该加以干涉，防止争吵升级为冷战甚至暴力。子女可以用较为幽默诙谐的方式来协调，说一句玩笑话，淡化一方的缺点或者过失，活跃气氛，转移话题，让气氛重新变得和睦起来，防止父母长期吵架出现新问题。

子女在父母面前，始终处于被爱护，被关心的地位。有些夫妻即使感情破裂，闹到要离婚的地步，但他们对孩子的爱依然难以割断，所以当父母争吵时，我们应该保持冷静的头脑。既然你处在父母之爱的中心，就绝不可以意气用事，无原则为一方讲话，指责另一方，而要"一碗水端平"，实现等距离"外交"，不做火上浇油的蠢事。

父母吵架后一般会出现三种情况，子女可以根据具体的情况有针对性地劝解。

1. 双方僵持，谁也不肯让步

这时最需要的是子女的安慰。你应立即做好劝说工作，便很容易使双方达成和解。首先想方设法使父母冷静下来，或拉着他们其中一方到外面走一走，使他们暂时分开；或故意讲一些逗乐的事情或笑话，缓解紧张的气氛。

如果需要你做调解时，一定要注意分别、单独地谈，尤其是你需要指出父母某一方的缺点错误时。如果孩子当面指责自己，常常会使他们感到下不了台，不利于问题的解决。

你也可以分别对父母讲对方的好处，和爸爸一起回顾妈妈对爸爸的体贴，在妈妈面前肯定爸爸为全家过上好日子所做的努力，等等。

2. 双方碍于面子，不肯和好

吵架后，双方都感到后悔，但出于自尊，都羞于主动启口和好，做子女的应创造各种机会，为双方搭桥，暗中巧妙周旋，是不难让双亲言归于好的。比如，你可以买两张电影票给他们，不管去不去，心意和想法他们都知道，也不好意思再在子女面前闹下去。也可以找些理由，如节日、生日、结婚纪念日等，哄他们一起去环境温馨的饭店吃饭，在这样的场景下他们自然会和好如初。

3. 一方想和好，另一方却怒气未消

这时，子女要及时将一方急于和好的心情进行传递。一般情

◇ 父母吵架应该怎么劝 ◇

　　父母争执发生矛盾，孩子最适合做双方工作。所以当父母争吵时，应保持冷静的头脑，绝不可意气用事。一般父母吵架后会出现三种情况：

妈，别吵了，咱们出去走走吧……

双方僵持不肯让步时
　　此时子女应主动安慰，立即做好劝说工作，或者拉着其中一方出去走走，让双方都有个缓冲的时间。

爸、妈，我朋友给了我两张电影票，你们去看吧……

双方后悔但羞于认错时
　　此时子女应创造机会，为双方搭桥，暗中巧妙让双亲言归于好。

妈，你就原谅爸吧，他已经知道错了。

一方求和一方生气时
　　此时子女应传递想要和好的心情，这样几经劝说，双方就可以和好如初。

况下，疼爱孩子的父母往往经不住孩子的感化，几经劝说，就能和好如初。你可以悄悄买妈妈喜欢的东西，说是爸爸买的；悄悄买爸爸喜欢的东西，说是妈妈买的。

总之，无论面对哪种情况，子女身为调解人都要十分耐心，不能操之过急，还要讲究方法，聪明机灵。

多肯定长辈的经验

核心提示

俗话说："不听老人言，吃亏在眼前。"这句话从一个侧面证明了人们对长辈经验的肯定。长辈一般都是阅历丰富的人，我们要多肯定长辈的经验，维护对方的身份，礼貌地称呼对方，尊敬长辈自己也会受益匪浅。

理论指导

生活在大都市的很多年轻人总是在忙忙碌碌中错失了很多与长辈分享智慧和经验的大好时机。他们总认为，长辈说话太啰唆，或者觉得他们所说的话题陈旧，或者认为他们思想保守……于是，他们在与长辈的交谈中不自觉地显示出不礼貌的样子。

俗话说："不听老人言，吃亏在眼前。"这句话从一个侧面证明了人们对长辈经验的肯定。因此我们在与长辈沟通的时候，要维护对方的身份，礼貌地称呼对方。

长辈一般都是阅历丰富的人，与长辈交谈往往能给我们许多人生的体验和启示。也许你觉得长辈面前容易出现别扭、言语不到位的现象，这样很难得到他们的认可。但只要我们态度自然点，和长辈聊一些轻松的话题，他们就会很乐意和我们在一起。

一般来说，长辈的生活方式、兴趣爱好、教育程度以及思想观念和我们相比有很大的差别，实在很难有共同志趣。在这种情况下，同情和了解可以产生良好的融合作用。

有一年的春节晚会演过一个名叫《粮票的故事》的小品。小品中讲的是一个祖孙三代的故事。爷爷常给孙子讲他年轻时"粮票的故事"，每天都讲，反复地讲，唠唠叨叨。孙子就告诉他爸爸说自己实在是不想听了，听烦了。但他爸爸却说："孩子，你每天只需花十几分钟或者更短的时间来听爷爷讲故事，爷爷就能高兴一整天，你知道吗？"

的确，对于老年人来说，他们多半喜欢追忆往事。如果你能引导他谈谈自己的过去，不但让他感到很快乐，对你来说，也是一个增长见识、了解过去的机会。因为经过岁月的流逝，那些仍然深刻地留在老人们心中的，多半是一些印象深刻而生动有趣的故事。

另外，还有一些老年人也不甘心落后于时代，仍然关心着现在的社会，对报纸上的新闻仍然有浓厚的兴趣。那么，最好是让他们把现在的事情和过去做个比较。这不但是他们最喜欢的，同时你也能因此而增长知识。

因此，同长辈聊天的时候，也要注意方式和方法，不仅要学会聆听，而且还能配合并鼓励其讲下去。那么，下面推荐几种方法供参考：

1. 从长辈过去光荣的历史谈起

例如谈谈长辈过去得到的荣誉，长辈最喜爱的纪念品，长辈最清楚的历史事件等。

◇ 学会与长辈沟通 ◇

让自己嘴甜一点

在生活中晚辈应适当地说一些花言巧语来讨得长辈的欢心，如"您说得太对了""我真是太佩服您了"等，不仅可以哄得长辈开心，还可以给长辈留下一个好的印象。

学会走进长辈的世界

在生活中可以多陪陪长辈做一些他们喜欢的事情，如散步、修剪花枝等，不仅可以增进彼此之间的感情，还可以增加彼此之间的了解度。

多倾听

人老了就喜欢怀旧，特别爱说往事。作为晚辈，多倾听，如果能够适当插几句话，老人会觉得你爱听他的事迹，对你的印象就会更好。

2. 从长辈感触最深的话题谈起

例如长辈的经历和今昔对比，长辈过去唱过的歌，长辈的日记或他们所读过的书等。

3. 从长辈最关心的问题谈起

长辈由于年龄大的原因，会非常关心健康的知识。我们完全可以用自己的温柔和细心，用体贴的话，给他们提供营养健康的饮食建议，如建议他们吃一些清淡的食物，吃糙米、胚芽米等，或提供一些符合老年人兴趣爱好的信息，让他们的生活更有乐趣。

4. 从长辈最尊敬和最关心的人谈起

例如长辈所尊敬的爱国英雄，无产阶级革命家，他们的老上级，他们的老师等。

当我们和他们交谈的时候，就可以拿这些话题和他们交流，向他们询问过去的事情，这很容易引起他们的共鸣。

与孩子积极沟通、平等对话

核心提示

真正的沟通是建立在平等的基础上，有了平等，才有尊重。家庭教育不是简单的"家长教育子女"的单向过程，而应是家长与子女之间的双向互动的过程。因此，家长要想真正走进孩子的内心，必须学会与孩子积极沟通、平等对话。

理论指导

现在许多的父母都认为自己辛苦挣钱，在物质方面满足了孩子的要求，就已经足够了，却往往忽视与孩子间的精神交流。要知道，仅是物质的充裕并不能满足孩子的所有需求，他们更需要的是与家长有更多的交流以及家长能够放下姿态与孩子进行平等对话。

很多时候，父母与孩子无法进行充分沟通就在于，父母更多的是站在教育者的立场上，而不是站在心理交流的立场上。这样常会使孩子们感到父母根本就没有认真倾听他们的感想，甚至会认为父母根本就不关心、不理解他们，因而他们也就不愿意与父母进行交流。

有的父母在与孩子交流过程中，往往不自觉地便处于了领导地位。这种交流方式使父母根本不关心孩子的感受和想法。这样会对孩子产生这样一种暗示：父母总是强大的、聪明的，父母的需求是更重要的。它抑制了孩子的情感表达，使孩子对父母的话根本不感兴趣。

有些父母习惯于对孩子进行说教，所谓的交流也不过是父母一方的演讲。这类父母最爱用的词是"你应该怎样怎样""你不应该怎样怎样"。当父母采用这种方式与孩子交谈时，往往会发现孩子拒绝交流，因为他们知道父母听不去自己的话，索性不再讲出自己的真实想法了。

还有的父母与孩子交流的障碍是责备。比如："我告诉你什么来着？我早就知道这事儿迟早会发生。""如果你早听我的……""你怎么这么笨。"在父母的批评、训斥、贬低、责备声中成长的孩子，往往不愿与父母讨论问题，因为他们知道，不管他们怎样努力，都不会得到父母的夸奖。

其实，要想打开与孩子交流的大门，最重要的是要使交流显得坦诚和有效。父母应该让孩子感觉到自己对孩子的尊重，在平等的气氛下，投入真诚、耐心的态度，这样才能让孩子敞开心扉。

◇ 与孩子交流时忌说的几种话 ◇

父母要学会与孩子积极沟通、平等对话。对话的内容，直接影响着孩子心理等各方面的发展。那么在与孩子对话的过程中，都有哪些误区呢？

241

现实中，总有父母抱怨，搞不懂孩子的一些行为，不清楚孩子的想法。你不妨试试以下几个方法，你就会发现，读懂孩子的心思并不是一件难事。

1.平等相处

父母很少能够真正做到与孩子平等相处。比如小明已经5岁了，在家里，父母叫他做事情时常常会这样说，"去把杯子拿来""把报纸拿来""赶快去弹钢琴"。虽然有时候小明很愿意去做这些事情，可是总是听到这样的话，反倒没有动力了。

孩子虽小，但同样不喜欢命令式口吻，喜欢受人委托。"把杯子拿来"和"帮妈妈把杯子拿来好吗"两句话，在大人听起来差不多，但孩子的感受却会有很大的不同。如果父母总是难以忘记自己"教育者"的角色，就会在和孩子沟通时难以保持平等的地位，"你要""你应该""你不能"等词语会常常挂在嘴边，这样，孩子就渐渐失去了与家长交流的愿望。

2.学会倾听孩子

父母在与孩子沟通时候，往往只顾自己"畅所欲言"，这其实是在堵塞孩子的耳朵，让他们闭嘴，发展下去就会演变成为最常见的错误——说教。孩子也有渴望交流的愿望，他们也希望自己的话能被好好倾听。

如果父母能够全神贯注地听孩子说话，这能让孩子觉得父母很在意听他说话，孩子感到受到尊重和鼓励，会很愿意说出自己心里的感受。

很多家长对于沟通问题的认识往往处于一个误区，就是认为只要家长说的话孩子听了，这就是沟通。真正的沟通是建立在平等的基础上，有了平等，才有尊重。